Cuore di Edmondo de Amicis

Edmondo De Amicis, Olin Harris Moore, Oscar Kuhns, Dominic Peter Rotunda

BIBLIOLIFE

CUORE

DI

EDMONDO DE AMICIS

EDITED WITH NOTES

BY

OSCAR KUHNS

*Professor of Romance Languages
in Wesleyan University*

NEW YORK

HENRY HOLT AND COMPANY

PREFACE.

THE simplicity and beauty of *Cuore* render it of unusual fitness for use as an elementary text for those who are beginning the study of Italian. Owing to its peculiar form, I have been able to omit certain portions of it—mostly letters—without at all injuring the unity of the book. As the book now stands it is practically an Italian Reader. The monthly stories not only give variety of interest, but furnish an excellent opportunity for that very important exercise in all language study—sight reading.

A large number of the notes are devoted to the explanation of idiomatic expressions which the ordinary Italian-English dictionaries pass over in silence. The lack of a really good dictionary has made these explanations more numerous.*

* I have constantly referred to the admirable *Vocabolario Italiano della Lingua parlata*, of Rigutini and Fanfani.

BIOGRAPHICAL NOTICE.

EDMONDO DE AMICIS, one of the foremost of Italian authors at the present time, was born at Oneglia, in the year 1846. From 1863 to 1865 he attended the military school at Modena, and in 1866 took part in the war against Austria. In 1869 he published a collection of stories, entitled *La Vita Militare*, and in 1871 settled down in Turin in order to devote himself to literature. He has written a large number of stories and books of travel. The popularity of *Cuore* may be inferred from the fact that it has already run through over one hundred and seventy editions in Italy.

INDICE.

V

OTTOBRE.

IL PRIMO GIORNO DI SCUOLA.

17, *lunedì.*

Oggi primo giorno di scuola. Passarono come un sogno quei tre mesi di vacanza in campagna! Mia madre mi condusse questa mattina alla Sezione Baretti a farmi inscrivere per la terza elementare: io pensavo alla campagna e andavo di mala voglia. 5 Tutte le strade brulicavano di ragazzi; le due botteghe di libraio erano affollate di padri e di madri che compravano zaini, cartelle e quaderni, e davanti alla scuola s'accalcava tanta gente che il bidello e la guardia civica duravan fatica a tenere sgombra la 10 porta. Vicino alla porta, mi sentii toccare una spalla: era il mio maestro della seconda, sempre allegro, coi suoi capelli rossi arruffati, che mi disse: — Dunque, Enrico, siamo separati per sempre? — Io lo sapevo bene; eppure mi fecero pena quelle parole. En- 15 trammo a stento. Signore, signori, donne del popolo, operai, ufficiali, nonne, serve, tutti coi ragazzi, per una mano e i libretti di promozione nell'altra, empivan la stanza d'entrata e le scale, facendo un ronzio che pareva d'entrare in un teatro. Lo rividi con piacere 20 quel grande camerone a terreno, con le porte delle sette classi, dove passai per tre anni quasi tutti i

giorni. C'era folla, le maestre andavano e venivano.
La mia maestra della prima superiore mi salutò di
sulla porta della classe e mi disse: — Enrico, tu vai al
piano di sopra, quest'anno; non ti vedrò nemmen più
5 passare! — e mi guardò con tristezza Il Direttore
aveva intorno delle donne tutte affannate perchè non
c'era più posto per i loro figlioli, e mi parve ch'egli
avesse la barba un poco più bianca che l'anno passato.
Trovai dei ragazzi cresciuti, ingrassati. Al pian ter-
10 reno, dove s'eran già fatte le ripartizioni, c'erano dei
bambini delle prime inferiori che non volevano entrare nella classe e s'impuntavano come somarelli;
bisognava che li tirassero dentro a forza; e alcuni
scappavano dai banchi; altri, al veder andar via i
15 parenti, si mettevano a piangere, e questi dovevano
tornare indietro a consolarli o a ripigliarseli, e le
maestre si disperavano. Il mio piccolo fratello fu
messo nella classe della maestra Delcati; io dal maestro Perboni, su al primo piano. Alle dieci eravamo
20 tutti in classe: cinquantaquattro: appena quindici o
sedici dei miei compagni della seconda, fra i quali
Derossi, quello che ha sempre il primo premio. Mi
parve così piccola e triste la scuola pensando ai
boschi, alle montagne dove passai l'estate! Anche
25 ripensavo al mio maestro di seconda, così buono, che
rideva sempre con noi, e piccolo, che pareva un nostro
compagno, e mi rincresceva di non vederlo più là, coi
suoi capelli rossi arruffati. Il nostro maestro è alto,
senza barba, coi capelli grigi e lunghi, e ha una ruga
30 diritta sulla fronte; ha la voce grossa, e ci guarda
tutti fisso, l'un dopo l'altro, come per leggerci dentro;
e non ride mai. Io dicevo tra me: — Ecco il primo

giorno. Ancora nove mesi. Quanti lavori, quanti esami mensili, quante fatiche! — Avevo proprio bisogno di trovar mia madre all'uscita, e corsi a baciarle la mano. Essa mi disse: — Coraggio, Enrico! Studieremo insieme. — E tornai a casa contento. Ma non ho più il mio maestro, con quel sorriso buono e allegro, e non mi par più bella come prima la scuola.

IL NOSTRO MAESTRO.

18, martedì.

Anche il mio nuovo maestro mi piace, dopo questa mattina. Durante l'entrata, mentre egli era già seduto al suo posto, s'affacciava di tanto in tanto alla porta della classe qualcuno dei suoi scolari dell'anno scorso, per salutarlo; s'affacciavano, passando, e lo salutavano: — Buon giorno, signor maestro. — Buon giorno, signor Perboni; — alcuni entravano, gli toccavan la mano e scappavano. Si vedeva che gli volevan bene e che avrebbero voluto tornare con lui. Egli rispondeva: — Buon giorno, — stringeva le mani che gli porgevano; ma non guardava nessuno; ad ogni saluto rimaneva serio, con la sua ruga diritta sulla fronte, voltato verso la finestra, e guardava il tetto della casa di faccia; e invece di rallegrarsi di quei saluti, pareva che ne soffrisse. Poi guardava noi, l'uno dopo l'altro, attento. Dettando, discese a passeggiare in mezzo ai banchi, e visto un ragazzo che aveva il viso tutto rosso di bollicine, smise di dettare, gli prese il viso fra le mani e lo guardò; poi gli domandò che cos'aveva e gli posò una mano sulla fronte per sentir s'era calda. In quel mentre, un ragazzo dietro di lui si rizzò sul banco, e si mise a fare la ma-

rionetta. Egli si voltò tutt' a un tratto; il ragazzo
risedette d'un colpo, e restò lì, col capo basso, ad aspettare il castigo. Il maestro gli pose una mano sul
capo e gli disse: — Non lo far più. Nient'altro. Tornò
5 al tavolino e finì di dettare. Finito di dettare, ci
guardò un momento in silenzio; poi disse adagio
adagio, con la sua voce grossa, ma buona: — Sentite.
Abbiamo un anno da passare insieme. Vediamo di
passarlo bene. Studiate e siate buoni. Io non ho
10 famiglia. La mia famiglia siete voi. Avevo ancora
mia madre l'anno scorso: mi è morta. Son rimasto
solo. Non ho più che voi al mondo, non ho più altro
affetto, altro pensiero che voi. Voi dovete essere i
miei figliuoli. Io vi voglio bene, bisogna che vogliate
15 bene a me. Non voglio aver da punire nessuno.
Mostratemi che siete ragazzi di cuore; la nostra
scuola sarà una famiglia e voi sarete la mia consolazione e la mia alterezza. Non vi domando una promessa a parole; son certo che, nel vostro cuore,
20 m'avete già detto di sì. E vi ringrazio. — In quel
punto entrò il bidello a dare il *finis.* Uscimmo tutti
dai banchi zitti zitti. Il ragazzo che s' era rizzato
sul banco s'accostò al maestro, e gli disse con voce
tremante: — Signor maestro, mi perdoni. — Il maestro
25 lo baciò in fronte e gli disse: — Va, figliuol mio.

UNA DISGRAZIA.

21, venerdì.

L'anno è cominciato con una disgrazia. Andando
alla scuola, questa mattina, io ripetevo a mio padre
quelle parole del maestro, quando vedemmo la strada
piena di gente, che si serrava davanti alla porta della

Sezione. Mio padre disse subito: — Una disgrazia!
L'anno comincia male! — Entrammo a gran fatica. Il
grande camerone era affollato di parenti e di ragazzi,
che i maestri non riuscivano a tirar nelle classi, e
tutti eran rivolti verso la stanza del Direttore, e 5
s'udiva dire: — Povero ragazzo! Povero Robetti! — Al
disopra delle teste, in fondo alla stanza piena di gente,
si vedeva l'elmetto d'una guardia civica e la testa
calva del Direttore: poi entrò un signore col cappello
alto, e tutti dissero: — È il medico. — Mio padre dom- 10
andò a un maestro: — Cos'è stato? — Gli è passata la
ruota sul piede, — rispose. — Gli ha rotto il piede, —
disse un altro. Era un ragazzo della seconda, che
venendo a scuola per via Dora Grossa e vedendo un
bimbo della prima inferiore, sfuggito a sua madre, 15
cadere in mezzo alla strada, a pochi passi da un omnibus che gli veniva addosso, era accorso arditamente,
l'aveva afferrato e messo in salvo; ma non essendo
stato lesto a ritirare il piede, la ruota dell'omnibus gli
era passata su. È figliuolo d'un capitano d'artiglie- 20
ria. Mentre ci raccontavano questo, una signora
entrò nel camerone come una pazza, rompendo la
folla: era la madre di Robetti, che avevan mandato a
chiamare; un'altra signora le corse incontro, e le
gettò le braccia al collo, singhiozzando: era la madre 25
del bambino salvato. Tutt'e due si slanciarono nella
stanza, e s'udì un grido disperato: — Oh Giulio mio!
Bambino mio! — In quel momento si fermò una carrozza davanti alla porta, e poco dopo comparve il
Direttore col ragazzo in braccio, che appoggiava il 30
capo sulla sua spalla, col viso bianco e gli occhi chiusi.
Tutti stettero zitti: si sentivano i singhiozzi della

madre. Il Direttore si arrestò un momento, pallido,
e sollevò un poco il ragazzo con tutt'e due le braccia
per mostrarlo alla gente. E allora maestri, maestre,
parenti, ragazzi, mormorarono tutti insieme: — Bravo,
5 Robetti! — Bravo, povero bambino! — e gli manda-
vano dei baci; le maestre e i ragazzi che gli erano intorno, gli baciaron le mani e le braccia. Egli aperse
gli occhi, e disse: — La mia cartella! — La madre del
piccino salvato gliela mostrò piangendo e gli disse: —
10 Te la porto io, caro angiolo, te la porto io. — E intanto sorreggeva la madre del ferito, che si copriva il
viso con le mani. Uscirono, adagiarono il ragazzo
nella carrozza, la carrozza partì. E allora rientrammo
tutti nella scuola, in silenzio.

IL RAGAZZO CALABRESE.

22. sabato.

15 Ieri sera mentre il maestro ci dava notizie del povero Robetti, che dovrà camminare un pezzo con le
stampelle, entrò il Direttore con un nuovo iscritto,
un ragazzo di viso molto bruno, coi capelli neri, con
gli occhi grandi e neri, con le sopracciglia folte e rag-
20 giunte sulla fronte; tutto vestito di scuro, con una
cintura di marocchino nero intorno alla vita. Il
Direttore, dopo aver parlato nell'orecchio al maestro,
se ne uscì, lasciandogli accanto il ragazzo, che guardava noi con quegli occhioni neri, come spaurito.
25 Allora il maestro gli prese una mano, e disse alla
classe: — Voi dovete essere contenti. Oggi entra
nella scuola un piccolo italiano nato a Reggio di
Calabria, a più di cinquecento miglia di qua. Vogliate
bene al vostro fratello venuto di lontano. Egli è nato

in una terra gloriosa, che diede all'Italia degli uomini illustri, e le dà dei forti lavoratori e dei bravi soldati; in una delle più belle terre della nostra patria, dove son grandi foreste e grandi montagne, abitate da un popolo pieno d'ingegno e di coraggio. Vogliategli 5 bene, in maniera che non s'accorga di esser lontano dalla città dove è nato; fategli vedere che un ragazzo italiano, in qualunque scuola italiana metta il piede, ci trova dei fratelli. — Detto questo s'alzò e segnò sulla carta murale d'Italia il punto dov'è Reggio di 10 Calabria. Poi chiamò forte: — Ernesto Derossi! — quello che ha sempre il primo premio. Derossi s'alzò.— Vieni qua, — disse il maestro. Derossi uscì dal banco e s'andò a mettere accanto al tavolino, in faccia al calabrese. — Come primo della scuola, — gli disse il 15 maestro, — dà l'abbraccio del benvenuto, in nome di tutta la classe, al nuovo compagno; l'abbraccio dei figliuoli del Piemonte al figliuolo della Calabria. — Derossi abbracciò il calabrese, dicendo con la sua voce chiara: — Benvenuto! — e questi baciò lui sulle due 20 guancie, con impeto. Tutti batterono le mani. — Silenzio! — gridò il maestro, — non si batton le mani in iscuola! — Ma si vedeva ch' era contento. Anche il calabrese era contento. Il maestro gli assegnò il posto e lo accompagnò al banco. Poi disse ancora: 25 — Ricordatevi bene di quello che vi dico. Perchè questo fatto potesse accadere, che un ragazzo cala- brese fosse come in casa sua a Torino, e che un ragazzo di Torino fosse come a casa propria a Reggio di Cala- bria, il nostro paese lottò per cinquant'anni e trenta- 30 mila Italiani morirono. Voi dovete rispettarvi, amarvi tutti fra voi; ma chi di voi offendesse questo com-

pagno perchè non è nato nella nostra provincia, si renderebbe indegno di alzare mai più gli occhi da terra quando passa una bandiera tricolore. — Appena il calabrese fu seduto al posto, i suoi vicini gli
5 regalarono delle penne e una stampa, e un altro ragazzo, dall'ultimo banco, gli mandò un francobollo di Svezia.

I MIEI COMPAGNI.

25, *martedì.*

Il ragazzo che mandò il francobollo al calabrese è quello che mi piace più di tutti, si chiama Garrone, è
10 il più grande della classe, ha quasi quattordici anni, la testa grossa, le spalle larghe; è buono, si vede quando sorride; ma pare che pensi sempre, come un uomo. Ora ne conosco già molti dei miei compagni. Un altro mi piace pure, che ha nome Coretti, e porta
15 una maglia color cioccolata e un berretto di pelo di gatto: sempre allegro, figliuolo d'un rivenditore di legna, che è stato soldato nella guerra del 66, nel quadrato del principe Umberto, e dicono che ha tre medaglie. C'è il piccolo Nelli, un povero gobbino,
20 gracile e col viso smunto. C'è uno molto ben vestito, che si leva sempre i peluzzi dai panni, e si chiama Votini. Nel banco davanti al mio c'è un ragazzo che chiamano il muratorino, perchè suo padre è muratore; una faccia tonda come una mela, con un naso a pal-
25 lottola: egli ha un' abilità particolare, sa fare *il muso di lepre,* e tutti gli fanno fare il muso di lepre, e ridono; porta un piccolo cappello a cencio che tiene appallottato in tasca come un fazzoletto. Accanto al muratorino c'è Garoffi, un coso lungo e magro, col

naso a becco di civetta e gli occhi molto piccoli, che
traffica sempre con pennini, immagini e scatole di
fiammiferi, e si scrive la lezione sulle unghie, per leg-
gerla di nascosto. C'è poi un signorino, Carlo Nobis,
che sembra molto superbo, ed è in mezzo a due ragazzi 5
che mi son simpatici: il figliuolo d'un fabbro ferraio,
insaccato in una giacchetta che gli arriva al ginocchio,
pallidino che par malato c ha sempre l'aria spaventata
e non ride mai; e uno coi capelli rossi, che ha un braccio morto, e lo porta appeso al collo: — suo padre è 10
andato in America e sua madre va attorno a vendere
erbaggi. È anche un tipo curioso il mio vicino di
sinistra, — Stardi, — piccolo e tozzo, senza collo, un
grugnone che non parla con nessuno, e pare che
capisca poco, ma sta attento al maestro senza batter 15
palpebra, con la fronte corrugata e coi denti stretti: e
se lo interrogano quando il maestro parla, la prima e
la seconda volta non risponde, la terza volta tira un
calcio. E ha daccanto una faccia tosta e trista, uno
che si chiama Franti, che fu già espulso da un' altra 20
Sezione. Ci sono anche due fratelli, vestiti eguali, che
si somigliano a pennello, e portano tutti e due un
cappello alla calabrese, con una penna di fagiano. Ma
il più bello di tutti, quello che ha più ingegno, che
sarà il primo di sicuro anche quest'anno, è Derossi; e 25
il maestro, che l'ha già capito, lo interroga sempre. Io
però voglio bene a Precossi, il figliuolo del fabbro
ferraio, quello della giacchetta lunga, che pare un
malatino; dicono che suo padre lo batte; è molto
timido, e ogni volta che interroga o tocca qualcuno 30
dice: — Scusami, — e guarda con gli occhi buoni e
tristi. Ma Garrone è il più grande e il più buono.

UN TRATTO GENEROSO.

E si diede a conoscere appunto questa mattina,
Garrone. Quando entrai nella scuola, — un poco tardi,
chè m' avea fermato la maestra di prima superiore
per domandarmi a che ora poteva venir a casa a
5 trovarci, — il maestro non c'era ancora, e tre o quattro ragazzi tormentavano il povero Crossi, quello coi
capelli rossi, che ha un braccio morto, e sua madre
vende erbaggi. Lo stuzzicavano colle righe, gli butta-
vano in faccia delle scorze di castagne, e gli davan
10 dello storpio e del mostro, contraffacendolo, col suo
braccio al collo. Ed egli tutto solo in fondo al banco,
smorto, stava a sentire, guardando ora l' uno ora
l' altro con gli occhi supplichevoli, perchè lo lasciassero stare. Ma gli altri sempre più lo sbeffavano, ed
15 egli cominciò a tremare e a farsi rosso dalla rabbia. A
un tratto Franti, quella brutta faccia, salì sur un
banco, e facendo mostro di portar due cesti sulle
braccia, scimmiottò la mamma di Crossi, quando
veniva a aspettare il figliuolo alla porta; perchè ora è
20 malata. Molti si misero a ridere forte. Allora Crossi
perse la testa, e afferrato un calamaio glie lo scara-
ventò al capo di tutta forza; ma Franti fece civetta, e
il calamaio andò a colpire nel petto il maestro che
entrava.

25 Tutti scapparono al posto, e fecero silenzio, im-
pauriti.

Il maestro, pallido, salì al tavolino, e con voce alterata domandò :

Chi è?

Nessuno rispose.

Il maestro gridò un' altra volta, alzando ancora la voce: — Chi è ?

Allora Garrone, mosso a pietà del povero Crossi, si alzò di scatto, e disse risolutamente: — Son io.

Il maestro lo guardò, guardò gli scolari stupiti; poi disse con voce tranquilla: — Non sei tu.

E dopo un momento: — Il colpevole non sarà punito. S'alzi!

Crossi s' alzò, e disse piangendo: — Mi picchiavano e m' insultavano, io ho perso la testa, ho tirato....

— Siedi, — disse il maestro. — S' alzino quelli che lo han provocato.

Quattro s'alzarono, col capo chino.

— Voi, — disse il maestro, — avete insultato un compagno che non vi provocava, schernito un disgraziato, percosso un debole che non si può difendere. Avete commesso una delle azioni più basse, più vergognose di cui si possa macchiare una creatura umana. Vigliacchi!

Detto questo, scese tra i banchi, mise una mano sotto il mento a Garrone, che stava col viso basso, e fattogli alzare il viso, lo fissò negli occhi, e gli disse: — Tu sei un'anima nobile.

Garrone, colto il momento, mormorò non so che parole nell'orecchio al maestro; e questi, voltatosi verso i quattro colpevoli, disse bruscamente: — Vi perdono.

IL PICCOLO PATRIOTTA PADOVANO.

(*Racconto mensile*)

29, *sabato.*

Non sarò un *soldato codardo*, no; ma ci andrei
molto più volentieri alla scuola, se il maestro ci facesse
ogni giorno un racconto come quello di questa mattina. Ogni mese, disse, ce ne farà uno, ce lo darà
5 scritto, e sarà sempre il racconto d'un atto bello e
vero, compiuto da un ragazzo. *Il piccolo patriotta
padovano* s'intitola questo. Ecco il fatto. Un piroscafo francese partì da Barcellona, città della Spagna,
per Genova; e c'erano a bordo francesi, italiani,
10 spagnuoli, svizzeri. C'era, fra gli altri, un ragazzo di
undici anni, mal vestito, solo, che se ne stava sempre
in disparte, come un animale selvatico, guardando
tutti con l'occhio torvo. E aveva ben ragione di
guardare tutti con l'occhio torvo. Due anni prima, suo
15 padre e sua madre, contadini dei dintorni di Padova,
l'avevano venduto al capo d'una compagnia di saltimbanchi; il quale, dopo avergli insegnato a fare i giochi a
furia di pugni, di calci e di digiuni, se l'era portato
a traverso alla Francia e alla Spagna, picchiandolo
20 sempre e non sfamandolo mai. Arrivato a Barcellona,
non potendo più reggere alle percosse e alla fame, ridotto
in uno stato da far pietà, era fuggito dal suo aguzzino, e
corso a chieder protezione al Console d'Italia, il quale,
impietosito, l'aveva imbarcato su quel piroscafo, dando-
25 gli una lettera per il Questore di Genova, che doveva
rimandarlo ai suoi parenti; ai parenti che l'avevan
venduto come una bestia. Il povero ragazzo era lacero e malaticcio. Gli avevan dato una cabina nella

seconda classe. Tutti lo guardavano; qualcuno lo
interrogava; ma egli non rispondeva, e pareva che
odiasse e disprezzasse tutti, tanto l'avevano inasprito
e intristito le privazioni e le busse. Tre viaggiatori,
non di meno, a forza d'insistere con le domande, rin- 5
scirono a fargli snodare la lingua, e in poche parole
rozze, miste di veneto, di spagnuolo e di francese, egli
raccontò la sua storia. Non erano italiani quei tre
viaggiatori; ma capirono, e un poco per compassione,
un poco perchè eccitati dal vino, gli diedero dei soldi, 10
celiando e stuzzicandolo perchè raccontasse altre
cose; ed essendo entrate nella sala, in quel momento,
alcune signore, tutti e tre, per farsi vedere, gli diedero ancora del denaro, gridando: — Piglia questo! —
Piglia quest'altro! — e facendo sonar le monete sulla 15
tavola. Il ragazzo intascò ogni cosa, ringraziando a
mezza voce, col suo fare burbero, ma con uno sguardo
per la prima volta sorridente e affettuoso. Poi s'ar-
rampicò nella sua cabina, tirò la tenda, e stette queto,
pensando ai fatti suoi. Con quei denari poteva as- 20
saggiare qualche buon boccone a bordo, dopo due
anni che stentava il pane; poteva comprarsi una giacchetta, appena sbarcato a Genova, dopo due anni che
andava vestito di cenci; e poteva anche, portandoli a
casa, farsi accogliere da suo padre e da sua madre un 25
poco più umanamente che non l'avrebbero accolto se
fosse arrivato con le tasche vuote. Erano una piccola
fortuna per lui quei denari. E a questo egli pensava,
racconsolato, dietro la tenda della sua cabina, mentre
i tre viaggiatori discorrevano, seduti alla tavola da 30
pranzo, in mezzo alla sala della seconda classe. Bevevano e discorrevano dei loro viaggi e dei paesi che

avevan veduti, e di discorso in discorso, vennero a
ragionare dell'Italia. Cominciò uno a lagnarsi degli
alberghi, un altro delle strade ferrate, e poi tutti insieme infervorandosi, presero a dir male d'ogni cosa.
5 Uno avrebbe preferito di viaggiare in Lapponia; un
altro diceva di non aver trovato in Italia che truffa-
tori e briganti; il terzo, che gl'impiegati italiani non
sanno leggere. — Un popolo ignorante, — ripetè il
primo. — Sudicio, — aggiunse il secondo. — La.... —
10 esclamò il terzo; e voleva dir ladro, ma non potè
finir la parola: una tempesta di soldi e di mezze
lire si rovesciò sulle loro teste e sulle loro spalle, e
saltellò sul tavolo e sull'impiantito con un fracasso
d'inferno. Tutti e tre s'alzarono furiosi, guardando
15 all'in su, e ricevettero ancora una manata di soldi
sulla faccia. — Ripigliatevi i vostri soldi, — disse con
disprezzo il ragazzo, affacciato fuor della tenda della
cabina; — io non accetto l'elemosina da chi insulta il
mio paese.

NOVEMBRE.

IL MIO AMICO GARRONE.

Non furon che due giorni di vacanza e mi parve di star tanto tempo senza rivedere Garrone. Quanto più lo conosco, tanto più gli voglio bene, e così segue a tutti gli altri, fuorchè ai prepotenti, che con lui non se la dicono, perchè egli non lascia far prepotenze. 5 Ogni volta che uno grande alza la mano su di uno piccolo, il piccolo grida: — Garrone! — e il grande non picchia più. Suo padre è macchinista della strada ferrata; egli cominciò tardi le scuole perchè fu malato due anni. È il più alto e il più forte della classe, 10 alza un banco con una mano, mangia sempre, è buono. Qualunque cosa gli domandino, matita, gomma, carta, temperino, impresta o dà tutto; e non parla e non ride in iscuola: se ne sta sempre immobile nel banco troppo stretto per lui, con la schiena arrotondata e 15 il testone dentro le spalle; e quando lo guardo, mi fa un sorriso con gli occhi socchiusi come per dirmi: — Ebbene, Enrico, siamo amici? — Ma fa ridere, grande e grosso com'è, che ha giacchetta, calzoni, maniche, tutto troppo stretto e troppo corto, un 20 cappello che non gli sta in capo, il capo rapato, le scarpe grosse, e una cravatta sempre attorcigliata come una corda. Caro Garrone, basta guardarlo in viso una volta per prendergli affetto. Tutti i più pic-

coli gli vorrebbero essere vicini di banco. Sa bene
l'aritmetica. Porta i libri a castellina, legati con
una cigna di cuoio rosso. Ha un coltello col manico
di madreperla che trovò l'anno passato in piazza d'
5 armi, e un giorno si tagliò un dito fino all'osso, ma
nessuno in iscuola se n'avvide, e a casa non rifiatò per
non spaventare i parenti. Qualunque cosa si lascia
dire per celia, e mai non se n'ha per male; ma guai se
gli dicono: — Non è vero, — quando afferma una
10 cosa: getta fuoco dagli occhi allora, e martella pugni
da spaccare il banco. Sabato mattina diede un soldo
a uno della prima superiore, che piangeva in mezzo
alla strada, perchè gli avevan preso il suo, e non poteva
più comprare il quaderno. Ora sono tre giorni che
15 sta lavorando attorno a una lettera di otto pagine con
ornati a penna nei margini per l'onomastico di sua
madre, che spesso viene a prenderlo, ed è alta e grossa
come lui, e simpatica. Il maestro lo guarda sempre,
e ogni volta che gli passa accanto, gli batte la mano
20 sul collo come a un buon torello tranquillo. Io gli
voglio bene. Son contento quando stringo nella mia
la sua grossa mano, che par la mano d'un uomo. Sono
così certo che rischierebbe la vita per salvare un compagno, che si farebbe anche ammazzare per difen-
25 derlo, si vede così chiaro nei suoi occhi; e benchè paia
sempre che brontoli con quel vocione, è una voce che
viene da un cor gentile, si sente.

IL CARBONAIO E IL SIGNORE.

7, lunedì.

Non l'avrebbe mai detta Garrone, sicuramente,
quella parola che disse ieri mattina Carlo Nobis a

Betti. Carlo Nobis è superbo perchè suo padre è un gran signore: un signore alto, con tutta la barba nera, molto serio, che viene quasi ogni giorno ad accompagnare il figliuolo. Ieri mattina Nobis si bisticciò con Betti, uno dei più piccoli, figliuolo d'un carbonaio, e non sapendo più che rispondergli, perchè aveva torto, gli disse forte: — Tuo padre è uno straccione. — Betti arrossì fino ai capelli, e non disse nulla, ma gli vennero le lacrime agli occhi, e tornato a casa, ripetè la parola a suo padre; ed ecco il carbonaio, un piccolo uomo tutto nero, che compare alla lezione del dopopranzo col ragazzo per mano a fare le lagnanze al maestro. Mentre faceva le sue lagnanze al maestro, e tutti tacevano, il padre di Nobis, che levava il mantello al figliuolo, come al solito, sulla soglia dell' uscio, udendo pronunciare il suo nome, entrò, e domandò spiegazione.

— È quest'operaio, — rispose il maestro, — che è venuto a lagnarsi perchè il suo figliuolo Carlo disse al suo ragazzo: Tuo padre è uno straccione.

Il padre di Nobis corrugò la fronte e arrossì un poco. Poi domandò al figliuolo: — Hai detto quella parola?

Il figliuolo, — ritto in mezzo alla scuola, col capo basso, davanti al piccolo Betti, — non rispose.

Allora il padre lo prese per un braccio e lo spinse più avanti in faccia a Betti, che quasi si toccavano, e gli disse: — Domandagli scusa.

Il carbonaio volle interporsi, dicendo no, no; ma il signore non gli badò, e ripetè al figliuolo: — Domandagli scusa. Ripeti le mie parole. Io ti domando scusa della parola ingiuriosa, insensata, ignobile che

dissi contro tuo padre, al quale il mio si tiene onorato
di stringer la mano. —

Il carbonaio fece un gesto risoluto, come a dire:
Non voglio.   Il signore non gli diè retta, e il suo fig-
5 liuolo disse lentamente, con un filo di voce, senza alzar
gli occhi da terra: — Io ti domando scusa.... della
parola ingiuriosa.... insensata.... ignobile, che dissi contro tuo padre, al quale il mio.... si tiene onorato di
stringer la mano.

10 Allora il signore porse la mano al carbonaio, il
quale gliela strinse con forza, e poi subito con una
spinta gettò il suo ragazzo fra le braccia di Carlo
Nobis.

— Mi faccia il favore di metterli vicini, — disse il
15 signore al maestro. — Il maestro mise Betti nel banco
di Nobis.   Quando furono al posto, il padre di Nobis
fece un saluto ed uscì.

Il carbonaio rimase qualche momento sopra pensiero, guardando i due ragazzi vicini; poi s'avvicinò
20 al banco, e fissò Nobis, con espressione d'affetto e
di rammarico, come se volesse dirgli qualcosa; ma
non disse nulla; allungò la mano per fargli una carezza, ma neppure osò, e gli strisciò soltanto la fronte
con le sue grosse dita.   Poi s'avviò all'uscio, e volta-
25 tosi ancora una volta a guardarlo, sparì. — Ricordatevi bene di quel che avete visto, ragazzi, — disse il
maestro, — questa è la più bella lezione dell'anno.

IL MIO COMPAGNO CORETTI.

                                          13, *domenica.*

Mio padre mi perdonò; ma io rimasi un poco triste,
e allora mia madre mi mandò col figliuolo grande del

portinaio a fare una passeggiata sul corso. A metà
circa del corso, passando vicino a un carro fermo
davanti a una bottega, mi sento chiamare per nome,
mi volto: era Coretti, il mio compagno di scuola, con
la sua maglia color cioccolata e il suo berretto di pelo 5
di gatto, tutto sudato e allegro, che aveva un gran
carico di legna sulle spalle. Un uomo ritto sul carro
gli porgeva una bracciata di legna per volta, egli le
pigliava e le portava nella bottega di suo padre, dove
in fretta e in furia le accatastava. 10
— Che fai, Coretti? — gli domandai.
— Non vedi? — rispose, tendendo le braccia per
pigliare il carico; — ripasso la lezione.
Io risi. Ma egli parlava sul serio, e presa la bracciata di legna, cominciò a dire correndo: — *Chiaman-* 15
si accidenti del verbo.... le sue variazioni secondo il
numero.... secondo il numero e la persona....
E poi, buttando giù la legna e accatastandola: —
secondo il tempo.... secondo il tempo a cui si riferisce
l'azione.... 20
E tornando verso il carro a prendere un'altra bracciata: — *secondo il modo con cui l'azione è enunciata.*
Era la nostra lezione di grammatica per il giorno
dopo. — Che vuoi? — mi disse, — metto il tempo a
profitto. Mio padre è andato via col garzone per una 25
faccenda. Mia madre è malata. Tocca a me a scaricare.
Intanto ripasso la grammatica. È una lezione difficile
oggi. Non riesco a pestarmela nella testa. Mio padre
ha detto che sarà qui alle sette per darvi i soldi, —
disse poi all'uomo del carro. 30
Il carro partì. — Vieni un momento in bottega, —
mi disse Coretti. Entrai: era uno stanzone pieno di

cataste di legna e di fascine, con una stadera da una
parte. — Oggi è giorno di sgobbo, te lo accerto io, —
ripigliò Coretti; — debbo fare il lavoro a pezzi e a bocconi. Stavo scrivendo le proposizioni, è venuta gente a
5 comprare.   Mi son rimesso a scrivere, eccoti il carro.
Questa mattina ho già fatto due corse al mercato
delle legna in piazza Venezia.   Non mi sento più le
gambe e ho le mani gonfie.   Starei fresco se avessi il
lavoro di disegno! — E intanto dava un colpo di scopa
10 alle foglie secche e ai fuscelli che coprivano l'ammattonato.
    — Ma dove lo fai il lavoro, Coretti? — gli do-
mandai.
    — Non qui di certo, — riprese; — vieni a ve-
15 dere; — e mi condusse in uno stanzino dietro la
bottega, che serve da cucina e da stanza da mangiare, con un tavolo in un canto, dove ci aveva i libri
e i quadèrni, e il lavoro incominciato. — Giusto
appunto, — disse, — ho lasciato la seconda risposta
20 per aria: *col cuoio si fanno le calzature, le cinghie....*
Ora ci aggiungo *le valigie.*—E presa la penna, si mise
a scrivere con la sua bella calligrafia — C'è nessuno? — s'udì gridare in quel momento dalla bottega.
Era una donna che veniva a comprar fascinotti. —
25 Eccomi, — rispose Coretti; e saltò di là, pesò i fascinotti, prese i soldi, corse in un angolo a segnar la
vendita in uno scartafaccio e ritornò al suo lavoro,
dicendo: — Vediamo un po' se mi riesce di finire il
periodo. — E scrisse: *le borse da viaggio, gli zaini per*
30 *i soldati* — Ah il mio povero caffè che scappa via! —
gridò all'improvviso e corse al fornello a levare la
caffettiera dal fuoco. — È il caffè per la mamma, —

disse; — bisognò bene che imparassi a farlo. Aspetta
un po' che glie lo portiamo; così ti vedrà, le farà
piacere. Son sette giorni che è a letto. Accidenti
del verbo! Mi scotto sempre le dita con questa caffettiera. Che cosa ho da aggiungere dopo gli zaini per 5
i soldati? Ci vuole qualche altra cosa e non la trovo.
Vieni dalla mamma.

Aperse un uscio, entrammo in un' altra camera
piccola; c' era la mamma di Coretti in un letto
grande, con un fazzoletto bianco intorno al capo. 10

— Ecco il caffè, mamma, — disse Coretti por-
gendo la tazza; — questo è un mio compagno di
scuola.

— Ah! bravo il signorino, — mi disse la donna; —
viene a far visita ai malati, non è vero? 15

Intanto Coretti accomodava i guanciali dietro alle
spalle di sua madre, raggiustava le coperte del letto,
riattizzava il fuoco, cacciava il gatto dal cassettone.

— Vi occorre altro, mamma? — domandò poi, ripigliando la tazza. — Li avete presi i due cucchiaini 20
di siroppo? Quando non ce ne sarà più darò una
scappata dallo speziale. Le legna sono scaricate. Alle
quattro metterò la carne al fuoco, come avete detto,
e quando passerà la donna del burro le darò quegli otto soldi. Tutto andrà bene, non vi date pen- 25
siero.

— Grazie, figliuolo, — rispose la donna; — povero
figliuolo, va! Egli pensa a tutto.

Volle che pigliassi un pezzo di zucchero, e poi
Coretti mi mostrò un quadretto, il ritratto in fo- 30
tografia di suo padre, vestito da soldato, con la medaglia al valore, che guadagnò nel 66, nel quadrato

del principe Umberto; lo stesso viso del figliuolo, con quegli occhi vivi e quel sorriso così allegro. Tornammo nella cucina. — Ho trovato la cosa, — disse Coretti, e aggiunse sul quaderno : *si fanno* 5 *anche i finimenti dei cavalli.* — Il resto lo farò stasera, starò levato fino a più tardi. Felice te che hai tutto il tempo per studiare e puoi ancora andare a passeggio !

E sempre gaio e lesto, rientrato in bottega, co-10 minciò a mettere dei pezzi di legno sul cavalletto e a segarli per mezzo, e diceva: Questa è ginnastica! Altro che la *spinta delle braccia avanti.* Voglio che mio padre trovi tutte queste legna segate quando torna a casa: sarà contento. Il male è che dopo 15 aver segato faccio dei *t* e degli *l*, che paion serpenti, come dice il maestro. Che ci ho che fare ? Gli dirò che ho dovuto menar le braccia. Quello che importa è che la mamma guarisca presto, questo sì. Oggi sta meglio, grazie al cielo. La grammatica la studierò 20 domattina al canto del gallo. Oh! ecco la carretta coi ceppi! Al lavoro.

Una carretta carica di ceppi si fermò davanti alla bottega. Coretti corse fuori a parlar con l'uomo, poi tornò. — Ora non posso più tenerti compagnia, 25 — mi disse; — a rivederci domani. Hai fatto bene a venirmi a trovare. Buona passeggiata! Felice te.

E strettami la mano, corse a pigliar il primo ceppo, e ricominciò a trottare fra il carro e la bottega, col viso fresco come una rosa sotto al suo 30 berretto di pel di gatto, e vispo che metteva allegrezza a vederlo.

Felice te! egli mi disse. Ah no, Coretti, no: sei

tu il più felice, tu perchè studi e lavori di più, perchè sei più utile a tuo padre e a tua madre, perchè sei più buono, cento volte più buono e più bravo di me, caro compagno mio.

IL DIRETTORE.

18, venerdì.

Coretti era contento questa mattina perchè è venuto ad assistere al lavoro d' esame mensile il suo maestro di seconda, Coatti, un omone con una grande capigliatura crespa, una gran barba nera, due grandi occhi scuri, e una voce da bombarda; il quale minaccia sempre i ragazzi di farli a pezzi e di portarli per il collo in Questura, e fa ogni specie di facce spaventevoli; ma non castiga mai nessuno, anzi sorride sempre dentro la barba, senza farsi scorgere. Otto sono, con Coatti, i maestri, compreso un supplente piccolo e senza barba, che pare un giovinetto. C' è un maestro di quarta, zoppo, imbacuccato in una grande cravatta di lana, sempre tutto pieno di dolori, e si prese quei dolori quando era maestro rurale, in una scuola umida dove i muri gocciolavano. Un altro maestro di quarta è vecchio e tutto bianco ed è stato maestro dei ciechi. Ce n'è uno ben vestito, con gli occhiali, e due baffetti biondi che chiamano l'avvocatino, perchè facendo il maestro studiò da avvocato e prese la laurea, e fece anche un libro per insegnare a scriver le lettere. Invece quello che c' insegna la ginnastica è un tipo di soldato, è stato con Garibaldi, e ha sul collo la cicatrice d' una ferita di sciabola toccata alla battaglia di Milazzo. Poi c'è il Direttore, alto, calvo,

con gli occhiali d' oro, con la barba grigia che gli vien
sul petto, tutto vestito di nero e sempre abbottonato
fin sotto il mento; così buono coi ragazzi, che quando
entrano tutti tremanti in Direzione, chiamati per un
5 rimprovero, non li sgrida, ma li piglia per le mani, e
dice tante ragioni, che non dovevan far così, e che bisogna che si pentano, e che promettano d' esser buoni, e
parla con tanta buona maniera e con una voce così
dolce, che tutti escono con gli occhi rossi, più confusi
10 che se li avesse puniti. Povero Direttore, egli è sempre
il primo al suo posto, la mattina, a aspettare gli scolari e a dar retta ai parenti, e quando i maestri son
già avviati verso casa, gira ancora intorno alla scuola
a vedere che i ragazzi non si caccino sotto le carrozze,
15 o non si trattengan per le strade a far querciola, o a
empir gli zaini di sabbia o di sassi; e ogni volta che
appare a una cantonata, così alto e nero, stormi di
ragazzi scappano da tutte le parti, piantando lì il
giuoco dei pennini e delle biglie, ed egli li minaccia
20 con l' indice da lontano, con la sua aria amorevole e
triste.   Nessuno l' ha più visto ridere, dice mia madre, dopo che gli è morto il figliuolo, ch' era volontario
nell' esercito; ed egli ha sempre il suo ritratto davanti
agli occhi, sul tavolino della Direzione. E se ne
25 voleva andare dopo quella disgrazia; aveva già fatto
la sua domanda di riposo al Municipio, e la teneva
sempre sul tavolino, aspettando di giorno in giorno a
mandarla, perchè gli rincresceva di lasciare i fanciulli.
Ma l'altro giorno pareva deciso, e mio padre ch'era
30 con lui nella Direzione, gli diceva: — Che peccato
che se ne vada, signor Direttore! — quando entrò un
uomo a fare iscrivere un ragazzo, che passava da

un'altra sezione alla nostra perchè aveva cambiato di
casa. A veder quel ragazzo, il Direttore fece un atto
di meraviglia, — lo guardò un pezzo, — guardò il
ritratto che tien sul tavolino e tornò a guardare il
ragazzo, tirandoselo fra le ginocchia e facendogli 5
alzare il viso. Quel ragazzo somigliava tutto al suo
figliuolo morto. Il Direttore disse: — Va bene; —
fece l'iscrizione, congedò padre e figlio, e restò pensieroso. — Che peccato che se ne vada! — ripetè mio
padre. E allora il Direttore prese la sua domanda di 10
riposo, la fece in due pezzi e disse: — Rimango.

IL PRIMO DELLA CLASSE.

25, venerdì.

Garrone s'attira l'affetto di tutti; Derossi, l'ammirazione. Ha preso la prima medaglia, sarà sempre il
primo anche quest'anno, nessuno può competer con
lui, tutti riconoscono la sua superiorità in tutte le 15
materie. È il primo in aritmetica, in grammatica,
in composizione, in disegno, capisce ogni cosa a volo,
ha una memoria meravigliosa, riesce in tutto senza
sforzo, pare che lo studio sia un gioco per lui. Il
maestro gli disse ieri: — Hai avuto dei grandi doni da 20
Dio; non hai altro a fare che non sciuparli. — E per
di più è grande, bello, con una gran corona di riccioli
biondi, lesto che salta un banco appoggiandovi una
mano su; e sa già tirare di scherma. Ha dodici anni,
è figliolo d'un negoziante, va sempre vestito di tur- 25
chino con dei bottoni dorati, sempre vivo, allegro,
garbato con tutti, e aiuta quanti può all'esame, e
nessuno ha mai osato fargli uno sgarbo o dirgli una
brutta parola. Nobis e Franti soltanto lo guardano

per traverso e Votini schizza invidia dagli occhi; ma
egli non se n'accorge neppure.　Tutti gli sorridono e
lo pigliano per una mano o per un braccio quando va
attorno a raccogliere i lavori, con quella sua maniera
5 graziosa.　Egli regala dei giornali illustrati, dei di-
segni, tutto quello che a casa regalano a lui; ha fatto
per il Calabrese una piccola carta geografica delle
Calabrie; e dà tutto ridendo, senza badarci, come un
gran signore, senza predilezioni per alcuno.　È im-
10 possibile non invidiarlo, non sentirsi da meno di lui
in ogni cosa.　Ah! io pure, come Votini, l'invidio.
E provo un' amarezza, quasi un certo dispetto contro
di lui, qualche volta, quando stento a fare il lavoro a
casa, e penso che a quell' ora egli l'ha già fatto,
15 benissimo e senza fatica.　Ma poi, quando torno alla
scuola, a vederlo così bello, ridente, trionfante, a sentir
come risponde alle interrogazioni del maestro franco
e sicuro, e com'è cortese, e come tutti gli voglion
bene, allora ogni amarezza, ogni dispetto mi va via dal
20 cuore, e mi vergogno d'aver provato quei sentimenti.
Vorrei essergli sempre vicino allora; vorrei poter fare
tutte le scuole con lui; la sua presenza, la sua voce
mi mette coraggio, voglia di lavorare, allegrezza,
piacere. — Il maestro gli ha dato da copiare il racconto
25 mensile che leggerà domani: *La piccola vedetta lom-
barda ;* egli lo copiava questa mattina, ed era com-
mosso da quel fatto eroico, tutto acceso nel viso, cogli
occhi umidi e con la bocca tremante; e io lo guardavo;
com'era bello e nobile!　Con che piacere gli avrei
30 detto sul viso, francamente: Derossi, tu vali in tutto
più di me!　Tu sei un uomo a confronto mio!　Io ti
rispetto e ti ammiro!

LA PICCOLA VEDETTA LOMBARDA.

(*Racconto mensile.*)

26, *sabato.*

Nel 1859, durante la guerra per la liberazione della Lombardia, pochi giorni dopo la battaglia di Solferino e San Martino, vinta dai Francesi e dagli Italiani contro gli Austriaci, in una bella mattinata del mese di giugno, un piccolo drappello di cavalleggieri di 5 Saluzzo andava di lento passo, per un sentiero solitario, verso il nemico, esplorando attentamente la campagna. Guidavano il drappello un ufficiale e un sergente, e tutti guardavano lontano, davanti a sè, con occhio fisso, muti, preparati a veder da un mo- 10 mento all'altro biancheggiare fra gli alberi le divise degli avamposti nemici. Arrivarono così a una casetta rustica, circondata di frassini, davanti alla quale se ne stava tutto solo un ragazzo d'una dozzina d'anni, che scortecciava un piccolo ramo con un coltello, per 15 farsene un bastoncino: da una finestra della casa spenzolava una larga bandiera tricolore: dentro non c'era nessuno: i contadini, messa fuori la bandiera, erano scappati, per paura degli Austriaci. Appena visti i cavalleggieri, il ragazzo buttò via il bastone e 20 si levò il berretto. Era un bel ragazzo, di viso ardito, con gli occhi grandi e celesti, coi capelli biondi e lunghi: era in maniche di camicia, e mostrava il petto nudo.

— Che fai qui? — gli domandò l'ufficiale, fermando 25 il cavallo. — Perchè non sei fuggito con la tua famiglia?

— Io non ho famiglia, — rispose il ragazzo. — Sono un trovatello. Lavoro un po' per tutti. Son rimasto qui per veder la guerra.

— Hai visto passar degli Austriaci?

5   — No, da tre giorni.

L'ufficiale stette un poco pensando; poi saltò giù da cavallo, e lasciati i soldati lì, rivolti verso il nemico, entrò nella casa e salì sul tetto.... La casa era bassa; dal tetto non si vedeva che un piccolo tratto di cam-
10 pagna. — Bisogna salir sugli alberi, — disse l'ufficiale, e discese. Proprio davanti all'aia si drizzava un frassino altissimo e sottile, che dondolava la vetta nell'azzurro. L'ufficiale rimase un po' sopra pensiero, guardando ora l'albero ora i soldati; poi tutt'a un
15 tratto domandò al ragazzo:

— Hai buona vista, tu, monello?

— Io? — rispose il ragazzo. — Io vedo un passerotto lontano un miglio.

— Saresti buono a salire in cima a quell'albero?

20   — In cima a quell'albero? io? In mezzo minuto ci salgo.

— E sapresti dirmi quello che vedi di lassù, se c'è soldati austriaci da quella parte, nuvoli di polvere, fucili che luccicano, cavalli?

25   — Sicuro che saprei.

— Che cosa vuoi per farmi questo servizio?

— Che cosa voglio? — disse il ragazzo sorridendo.
— Niente. Bella cosa! E poi!... se fosse per i *tedeschi*, a nessun patto; ma per i nostri! Io sono
30 lombardo.

— Bene. Va su dunque.

— Un momento, che mi levi le scarpe.

Si levò le scarpe, si strinse la cinghia dei calzoni, buttò nell'erba il berretto e abbracciò il tronco del frassino.

— Ma bada.... — esclamò l'uffiziale, facendo l'atto di trattenerlo, come preso da un timore improvviso.

Il ragazzo si voltò a guardarlo, coi suoi begli occhi celesti, in atto interrogativo.

— Niente, — disse l'uffiziale; — va su.

Il ragazzo andò su, come un gatto.

— Guardate davanti a voi, — gridò l'uffiziale ai soldati.

In pochi momenti il ragazzo fu sulla cima dell'albero, avviticchiato al fusto, con le gambe fra le foglie, ma col busto scoperto, e il sole gli batteva sul capo biondo, che pareva d'oro. L'uffiziale lo vedeva appena, tanto era piccino lassù.

— Guarda dritto e lontano, — gridò l'uffiziale.

Il ragazzo, per veder meglio, staccò la mano destra dall'albero e se la mise alla fronte.

— Che cosa vedi? — domandò l'uffiziale.

Il ragazzo chinò il viso verso di lui, e facendosi portavoce della mano, rispose: — Due uomini a cavallo, sulla strada bianca.

— A che distanza di qui?

— Mezzo miglio.

— Movono?

— Son fermi.

— Che altro vedi? — domandò l'uffiziale, dopo un momento di silenzio. — Guarda a destra.

Il ragazzo guardò a destra.

Poi disse: — Vicino al cimitero, tra gli alberi, c'è qualche cosa che luccica. Paiono baionette.

— Vedi gente?

— No. Saran nascosti nel grano.

In quel momento un fischio di palla acutissimo passò alto per l'aria e andò a morire lontano dietro alla casa.

— Scendi, ragazzo! — gridò l'uffiziale. — T'han visto. Non voglio altro. Vien giù.

— Io non ho paura, — rispose il ragazzo.

— Scendi.... — ripetè l'uffiziale, — che altro vedi, a sinistra?

— A sinistra?

— Sì, a sinistra.

Il ragazzo sporse il capo a sinistra: in quel punto un altro fischio più acuto e più basso del primo tagliò l'aria. — Il ragazzo si riscosse tutto. — Accidenti! — esclamò. — L'hanno proprio con me! —La palla gli era passata poco lontano.

— A basso! — gridò l'uffiziale imperioso e irritato.

— Scendo subito, — rispose il ragazzo. — Ma l'albero mi ripara, non dubiti. A sinistra, vuole sapere?

— A sinistra, — rispose l'uffiziale: — ma scendi.

— A sinistra, — gridò il ragazzo, sporgendo il busto da quella parte, — dove c'è una cappella, mi par di veder....

Un terzo fischio rabbioso passò in alto, e quasi ad un punto si vide il ragazzo venir giù, trattenendosi per un tratto al fusto ed ai rami, e poi precipitando a capo fitto e colle braccia aperte.

— Maledizione! — gridò l'uffiziale, accorrendo.

Il ragazzo battè della schiena per terra e restò disteso con le braccia larghe, supino; un rigagnolo di sangue gli sgorgava dal petto, a sinistra. Il sergente e

due soldati saltaron giù da cavallo; l'uffiziale si chinò
e gli aprì la camicia: la palla gli era entrata nel pol-
mone sinistro. — È morto! — esclamò l'uffiziale. —
No, vive! — rispose il sergente. — Ah! povero ragazzo! bravo ragazzo! — gridò l'uffiziale; — coraggio!   5
coraggio! — Ma mentre gli diceva coraggio e gli premeva il fazzoletto sulla ferita, il ragazzo stralunò gli
occhi e abbandonò il capo: era morto. L'uffiziale
impallidì, e lo guardò fisso un momento; — poi lo
adagiò col capo sull'erba; — s'alzò, e stette a guar- 10
darlo; — anche il sergente e i due soldati, immobili,
lo guardavano: — gli altri stavan rivolti verso il
nemico.

— Povero ragazzo! — ripetè tristamente l'uffiziale.
— Povero e bravo ragazzo!   15

Poi s'avvicinò alla casa, levò dalla finestra la bandiera tricolore, e la distese come un drappo funebre
sul piccolo morto, lasciandogli il viso scoperto. Il
sergente raccolse a fianco del morto le scarpe, il berretto, il bastoncino e il coltello.   20

Stettero ancora un momento silenziosi; poi l'uffiziale
si rivolse al sergente e gli disse: — Lo manderemo a
pigliare dall'ambulanza: è morto da soldato; lo sep-
pelliranno i soldati. — Detto questo mandò un bacio
al morto con un atto della mano, e gridò: — A cavallo. 25
— Tutti balzarono in sella, il drappello si riunì e
riprese il suo cammino.

E poche ore dopo il piccolo morto ebbe i suoi onori
di guerra.

Al tramontare del sole, tutta la linea degli avam- 30
posti italiani s'avanzava verso il nemico, e per lo stesso
cammino stato percorso la mattina dal drappello di

cavalleria, procedeva su due file un grosso battaglione di
bersaglieri, il quale, pochi giorni innanzi, aveva valo-
rosamente rigato di sangue il colle di San Martino.
La notizia della morte del ragazzo era già corsa fra
5 quei soldati prima che lasciassero gli accampamenti.
Il sentiero, fiancheggiato da un rigagnolo, passava a
pochi passi di distanza dalla casa. Quando i primi
uffiziali del battaglione videro il piccolo cadavere disteso ai piedi del frassino e coperto dalla bandiera tri-
10 colore, lo salutarono con la sciabola; e uno di essi si
chinò sopra la sponda del rigagnolo, ch'era tutta
fiorita, strappò due fiori e glieli gettò. Allora tutti i
bersaglieri, via via che passavano, strapparono dei fiori
e li gettarono al morto. In pochi minuti il ragazzo
15 fu coperto di fiori, e uffiziali e soldati gli mandavan
tutti un saluto passando: — Bravo, piccolo lombardo!
— Addio, ragazzo! — A te, biondino! — Evviva! —
Gloria! — Addio! — Un uffiziale gli gettò la sua
medaglia al valore, un altro andò a baciargli la
20 fronte. E i fiori continuavano a piovergli sui piedi
nudi, sul petto insanguinato, sul capo biondo. Ed
egli se ne dormiva là nell'erba, ravvolto nella sua bandiera, col viso bianco e quasi sorridente, povero ragazzo, come se sentisse quei saluti, e fosse contento
25 d'aver dato la vita per la sua Lombardia.

DICEMBRE

Giovedì, 1.

Mio padre vuole che ogni giorno di vacanza io mi faccia venire a casa uno de' miei compagni, o che vada a trovarlo, per farmi a poco a poco amico di tutti. Domenica andrò a passeggiare con Votini, quello ben vestito, che si liscia sempre, e che ha 5 tanta invidia di Derossi. Oggi intanto è venuto a casa Garoffi, quello lungo e magro, col naso a becco di civetta e gli occhi piccoli e furbi, che par che frughino per tutto. È figliuolo d'un droghiere. È un bell'originale. Egli conta sempre i soldi che ha 10 in tasca, conta sulle dita lesto lesto, e fa qualunque moltiplicazione senza tavola pitagorica. E rammucchia, ha già un libretto della Cassa scolastica di risparmio. Sfido, non spende mai un soldo, e se gli casca un centesimo sotto i banchi, è capace di cer- 15 carlo per una settimana. Fa come le gazze, dice Derossi. Tutto quello che trova, penne logore, francobolli usati, spilli, colaticci di candele, tutto raccatta. Son già più di due anni che raccoglie francobolli, e n'ha già delle centinaia d'ogni paese, in 20 un grande album, che venderà poi al libraio, quando sarà tutto pieno. Intanto il libraio gli dà i quaderni gratis perchè egli conduce molti ragazzi alla sua bot-

tega. In iscuola traffica sempre, fa ogni giorno
vendite d'oggetti, lotterie, baratti ; poi si pente del
baratto e rivuole la sua roba; compra per due e
smercia per quattro; gioca ai pennini e non perde
5 mai; rivende giornali vecchi al tabaccaio, e ha un
quadernino dove nota i suoi affari, tutto pieno di
somme e di sottrazioni. Alla scuola non studia che
l'aritmetica, e se desidera la medaglia non è che
per aver l'entrata gratis al teatro delle marionette.
10 A me piace, mi diverte. Abbiamo giocato a fare il
mercato, coi pesi e le bilancie: egli sa il prezzo
giusto di tutte le cose, conosce i pesi e fa dei bei
cartocci spedito, come i bottegai. Dice che appena
finite le scuole metterà su un negozio, un commercio
15 nuovo, che ha inventato lui. È stato tutto contento
chè gli ho dato dei francobolli esteri, e m'ha detto
appuntino quanto si rivende ciascuno per le colle-
zioni. Mio padre, fingendo di legger la gazzetta, lo
stava a sentire, e si divertiva. Egli ha sempre le
20 tasche gonfie delle sue piccole mercanzie, che ricopre
con un lungo mantello nero, e par continuamente sopra pensiero e affaccendato, come un negoziante. Ma
quello che gli sta più a cuore è la sua collezione
di francobolli; questa è il suo tesoro, e ne parla
25 sempre, come se dovesse cavarne una fortuna. I
compagni gli danno dell'avaraccio, dell'usuraio. Io
non so. Gli voglio bene, m'insegna molte cose, mi
sembra un uomo. Coretti, il figliuolo del rivenditore
di legna, dice ch'egli non darebbe i suoi francobolli
30 neanche per salvar la vita a sua madre. Mio padre
non lo crede. — Aspetta ancora a giudicarlo, — m'ha
detto; — egli ha quella passione; ma ha cuore.

IL MURATORINO.

11, *domenica*.

Il "muratorino„ è venuto oggi, in cacciatora, tutto vestito di roba smessa di suo padre, ancora bianca di calcina e di gesso. Mio padre lo desiderava anche più di me che venisse. Come ci fece piacere! Appena entrato, si levò il cappello a cencio ch'era 5 tutto bagnato di neve o se lo ficcò in un taschino; poi venne innanzi, con quella sua andatura trascurata d'operaio stanco, rivolgendo qua e là il visetto tondo come una mela, col suo naso a pallottola; e quando fu nella sala da desinare, data un'oc- 10 chiata in giro ai mobili, e fissati gli occhi sur un quadretto che rappresenta Rigoletto, un buffone gobbo, fece il "muso di lepre,,. È impossibile trattenersi dal ridere a vedergli fare il muso di lepre. Ci mettemmo a giocare coi legnetti: egli ha un'abi- 15 lità straordinaria a far torri e ponti, che par che stian su per miracolo, e ci lavora tutto serio, con la pazienza di un uomo. Fra una torre e l'altra, mi disse della sua famiglia: stanno in una soffitta, suo padre va alle scuole serali a imparar a leggere, 20 sua madre è biellese. E gli debbono voler bene, si capisce, perchè è vestito così da povero figliolo, ma ben riparato dal freddo, coi panni ben rimendati, con la cravatta annodata bene dalla mano di sua madre. Suo padre, mi disse, è un pezzo d'uomo, un 25 gigante, che stenta a passar per le porte; ma buono, e chiama sempre il figliolo "muso di lepre,,; il figliolo, invece, è piccolino. Alle quattro si fece merenda insieme con pane e zebibbo, seduti sul sofà, e quando ci alzammo, non so perchè, mio padre non volle che 30

ripulissi la spalliera che il muratorino aveva mac-
chiata di bianco con la sua giacchetta: mi trattenne
la mano e ripulì poi lui, di nascosto.   Giocando, il muratorino perdette un bottone della cacciatora, e mia
5 madre glie l'attaccò, ed egli si fece rosso e stette
a vederla cucire tutto meravigliato e confuso, trat-
tenendo il respiro.   Poi gli diedi a vedere degli album
di caricature ed egli, senz'avvedersene, imitava le
smorfie di quelle facce, così bene, che anche mio padre
10 rideva.   Era tanto contento quando andò via, che di-
menticò di rimettersi in capo il berretto a cencio, e arrivato sul pianerottolo, per mostrarmi la sua gratitudine
mi fece ancora una volta il muso di lepre.   Egli si
chiama Antonio Rabucco, e ha otto anni e otto mesi....

UNA PALLA DI NEVE.

16, *venerdì.*

15   E sempre nevica, nevica.   Seguì un brutto caso,
questa mattina, con la neve, all'uscir dalla scuola.
Un branco di ragazzi, appena sboccati sul Corso, si
misero a tirar palle, con quella neve acquosa, che fa le
palle sode e pesanti come pietre.   Molta gente pas-
20 sava sul marciapiedi.   Un signore gridò: — Smettete,
monelli! — e proprio in quel punto si udì un grido
acuto dall'altra parte della strada, e si vide un vecchio
che aveva perduto il cappello e barcollava, coprendosi
il viso con le mani, e accanto a lui un ragazzo che gri-
25 dava: — Aiuto! Aiuto! — Subito accorse gente da ogni
parte.   Era stato colpito da una palla in un occhio.
Tutti i ragazzi si sbandarono fuggendo come saette.   Io
stavo davanti alla bottega del libraio, dov'era entrato
mio padre, e vidi arrivar di corsa parecchi miei com-

pagni che si mescolarono fra gli altri vicini a me, e finsero di guardar le vetrine: c'era Garrone, con la sua solita pagnotta in tasca, Coretti, il muratorino, e Garoffi, quello dei francobolli. Intanto s'era fatta folla intorno al vecchio e una guardia ed altri correvano qua e là 5 minacciando e domandando: — Chi è? chi è stato? Sei tu? Dite chi è stato! -- e guardavan le mani ai ragazzi, se le avevan bagnate di neve. Garoffi era accanto me: m'accorsi che tremava tutto, e che avea il viso bianco come un morto. — Chi è? Chi è stato? — 10 continuava a gridare la gente. — Allora intesi Garrone che disse piano a Garoffi: — Su, vatti a presentare; sarebbe una vigliaccheria lasciar agguantare qualcun altro. — Ma io non l'ho fatto apposta! — rispose Garoffi, tremando come una foglia. — Non importa, fa 15 il tuo dovere, — ripetè Garrone. — Ma io non ho coraggio! — Fatti coraggio, t'accompagno io. — E la guardia e gli altri gridavan sempre più forte: — Chi è? Chi è stato? Un occhiale in un occhio gli han fatto entrare! L'hanno accecato! Briganti! — Io credetti che Ga- 20 roffi cascasse in terra. — Vieni, — gli disse risolutamente Garrone, — io ti difendo, — e afferratolo per un braccio lo spinse avanti, sostenendolo, come un malato. La gente vide e capì subito, e parecchi accorsero coi pugni alzati. Ma Garrone si fece in mezzo, gridando: 25 — Vi mettete in dieci uomini contro un ragazzo? — Allora quelli ristettero, e una guardia civica pigliò Garoffi per mano e lo condusse, aprendo la folla, a una bottega di pastaio, dove avevan ricoverato il ferito. Vedendolo, riconobbi subito il vecchio impiegato, che 30 sta al quarto piano di casa nostra, col suo nipotino. Era adagiato sur una seggiola, con un fazzoletto sugli

occhi. — Non . ho fatto apposta! — diceva singhiozzando Garoffi, mezzo morto dalla paura, — non l' ho
fatto apposta! — Due o tre persone lo spinsero violentemente nella bottega, gridando: — La fronte a
5 terra! Domanda perdono! — e lo gettarono a terra.
Ma subito due braccia vigorose lo rimisero in piedi e
una voce risoluta disse: — No, signori! — Era il
nostro Direttore, che avea visto tutto. — Poichè ha
avuto il coraggio di presentarsi, — soggiunse, — nes-
10 suno ha il diritto di avvilirlo. — Tutti stettero zitti. —
Domanda perdono, — disse il Direttore a Garoffi. Garoffi, scoppiando in pianto, abbracciò le ginocchia del
vecchio, e questi, cercata con la mano la testa di lui,
gli carezzò i capelli. Allora tutti dissero : — Va,
15 ragazzo, va, torna a casa! — E mio padre mi tirò fuor
della folla, e mi disse strada facendo: — Enrico, in un
caso simile, avresti il coraggio di fare il tuo dovere, di
andar a confessare la tua colpa ? — Io gli risposi di sì.
—Ed egli: — Dammi la tua parola di ragazzo di cuore
20 e d'onore che lo faresti. — Ti do la mia parola, padre
mio!

IN CASA DEL FERITO.

18, *domenica.*

È con la maestra dalla penna rossa il nipotino del
vecchio impiegato che fu colpito all'occhio dalla palla
di neve di Garoffi: lo abbiamo visto oggi, in casa di
25 suo zio, che lo tiene come un figliuolo. Io avevo
terminato di scrivere il racconto mensile per la settimana ventura, *Il piccolo scrivano fiorentino,* che il
maestro mi diede a copiare; e mio padre mi ha detto:
—Andiamo su al quarto piano, a veder come sta dell'

occhio quel signore. — Siamo entrati in una camera quasi buia, dov'era il vecchio a letto, seduto, con molti cuscini dietro le spalle; accanto al capezzale sedeva sua moglie, e c'era in un canto il nipotino che si baloccava. Il vecchio aveva l'occhio bendato. È 5 stato molto contento di veder mio padre, ci ha fatto sedere e ha detto che stava meglio, che l'occhio non era perduto, non solo, ma che a capo di pochi giorni sarebbe guarito. — Fu una disgrazia, — ha soggiunto; — mi duole dello spavento che deve aver avuto quel 10 povero ragazzo — Poi ci ha parlato del medico, che doveva venir a quell'ora, a curarlo. Proprio in quel punto, suona il campanello. — È il medico, — dice la signora. La porta s'apre.... E chi vedo? Garoffi, col suo mantello lungo, ritto sulla soglia, col 15 capo chino, che non aveva coraggio di entrare. — Chi è? — domanda il malato. — È il ragazzo che tirò la palla, — dice mio padre. — E il vecchio allora: — O povero ragazzo! vieni avanti; sei venuto a domandar notizie del ferito, non è vero? Ma va meglio, sta 20 tranquillo, va meglio, son quasi guarito. Vieni qua. — Garoffi, confuso che non ci vedeva più, s'è avvicinato al letto, forzandosi per non piangere, e il vecchio l'ha carezzato, ma egli non poteva parlare. — Grazie, — ha detto il vecchio, — va pure a dire a tuo 25 padre e a tua madre che tutto va bene, che non si dian più pensiero. — Ma Garoffi non si moveva, pareva che avesse qualcosa da dire, ma non osava. — Che mi hai da dire? che cosa vuoi? — Io.. nulla — Ebbene, addio, a rivederci, ragazzo; vattene pure col cuore 30 in pace. — Garoffi è andato fino alla porta, ma là s'è fermato, e s'è volto indietro verso il nipotino, che lo

seguitava, e lo guardava curiosamente. Tutt'a un tratto, cavato di sotto al mantello un oggetto, lo mette in mano al ragazzo, dicendogli iu fretta: — È per te, — e via come un lampo.   Il ragazzo porta l'oggetto
5 allo zio: vedono che c'è scritto su: *Ti regalo questo;* guardan dentro, e fanno un' esclamazione di stupore. Era l'album famoso, con la sua collezione di franco- bolli, che il povero Garoffi aveva portato, la collezione di cui parlava sempre, su cui aveva fondato tante
10 speranze, e che gli era costata tante fatiche; era il suo tesoro, povero ragazzo, era metà del suo sangue, che in ricambio del perdono egli regalava!

IL PICCOLO SCRIVANO FIORENTINO.

(*Racconto mensile.*)

Faceva la quarta elementare.   Era un grazioso fio- rentino di dodici anni, nero di capelli e bianco di viso,
15 figliolo maggiore d'un impiegato delle strade ferrate, il quale, avendo molta famiglia e poco stipendio, viveva nelle strettezze.   Suo padre lo amava assai, ed era buono e indulgente con lui: indulgente in tutto fuorchè in quello che toccava la scuola: in questo
20 pretendeva molto e si mostrava severo perchè il figli- olo doveva mettersi in grado di ottener presto un im- piego per aiutar la famiglia; e per valer presto qualche cosa gli bisognava faticar molto in poco tempo.   E benchè il ragazzo studiasse, il padre lo esortava sem-
25 pre a studiare.   Era già avanzato negli anni, il padre, e il troppo lavoro l'aveva anche invecchiato prima del tempo.   Non di meno, per provvedere ai bisogni della famiglia, oltre al molto lavoro che gl' imponeva il suo

impiego, pigliava ancora qua e là dei lavori straor-
dinari di copista, e passava una buona parte della notte
a tavolino.   Da ultimo aveva preso da una Casa edi-
trice, che pubblicava giornali e libri a dispense, l' in-
carico di scriver sulle fasce il nome e l'indirizzo degli 5
abbonati, e guadagnava tre lire per ogni cinquecento
di quelle strisciole di carta, scritte in caratteri grandi
e regolari.   Ma questo lavoro lo stancava, ed egli se ne
lagnava spesso con la famiglia, a desinare. — I miei
occhi se ne vanno, — diceva, — questo lavoro di notte 10
mi finisce. — Il figliuolo gli disse un giorno: — Babbo,
fammi lavorare in vece tua; tu sai che scrivo come te,
tale e quale. — Ma il padre gli rispose: — No, figliuolo;
tu devi studiare; la tua scuola è una cosa molto più
importante delle mie fasce; avrei rimorso di rubarti 15
un'ora; ti ringrazio, ma non voglio, e non parlarmene
più.

Il figliuolo sapeva che con suo padre, in quelle cose,
era inutile insistere, e non insistette.   Ma ecco che
cosa fece.   Egli sapeva che a mezzanotte in punto 20
suo padre smetteva di scrivere, e usciva dal suo stanzino da lavoro per andare nella camera da letto.
Qualche volta l'aveva sentito: scoccati i dodici colpi
al pendolo, aveva sentito immediatamente il rumore
della seggiola smossa e il passo lento di suo padre. 25
Una notte aspettò ch'egli fosse a letto, si vestì piano
piano, andò a tentoni nello stanzino, riaccese il lume
a petrolio, sedette alla scrivania, dov' era un mucchio
di fasce bianche e l'elenco degli indirizzi, e cominciò
a scrivere, rifacendo appuntino la scrittura di suo 30
padre.   E scriveva di buona voglia, contento, con un
po' di paura, e le fasce s'ammontavano, e tratto tratto

egli smetteva la penna per fregarsi le mani, e poi
ricominciava con più alacrità, tendendo l'orecchio, e
sorrideva. Cento sessanta ne scrisse: una lira! Allora
si fermò, rimise la penna dove l'aveva presa, spense il
5 lume, e tornò a letto, in punta di piedi.

Quel giorno, a mezzodì, il padre sedette a tavola di
buon umore. Non s'era accorto di nulla. Faceva
quel lavoro meccanicamente, misurandolo a ore e pensando ad altro, e non contava le fasce scritte che il
10 giorno dopo. Sedette a tavola di buon umore, e battendo una mano sulla spalla al figliuolo: — Eh, Giulio, — disse, — è ancora un buon lavoratore tuo padre,
che tu credessi! In due ore ho fatto un buon terzo
di lavoro più del solito, ieri sera. La mano è an-
15 cor lesta, e gli occhi fanno ancora il loro dovere. —
E Giulio contento, muto, diceva tra sè: "Povero
babbo, oltre al guadagno, io gli dò ancora questa soddisfazione, di credersi ringiovanito. Ebbene, coraggio. „

20 Incoraggiato dalla buona riuscita, la notte appresso,
battute le dodici, su un'altra volta, e al lavoro. E
così fece per varie notti. E suo padre non s'accorgeva
di nulla. Solo una volta, a cena, uscì in quest'esclamazione: — È strano, quanto petrolio va in questa casa
25 da un po' di tempo! — Giulio ebbe una scossa; ma il
discorso si fermò lì. E il lavoro notturno andò innanzi.

Senonchè, a rompersi così il sonno ogni notte,
Giulio non riposava abbastanza, la mattina si levava
30 stanco, e la sera, facendo il lavoro di scuola, stentava
a tener gli occhi aperti. Una sera, — per la prima volta
in vita sua, — s'addormentò sul quaderno. — Animo!

animo! — gli gridò suo padre, battendo le mani, — al
lavoro! — Egli si riscosse e si rimise al lavoro. Ma
la sera dopo, e i giorni seguenti, fu la cosa medesima,
e peggio: sonnecchiava sui libri, si levava più tardi
del solito, studiava la lezione alla stracca, pareva svo- 5
gliato dello studio.   Suo padre cominciò a osservarlo,
poi a impensierirsi, e in fine a fargli dei rimproveri.
Non glie ne aveva mai dovuto fare! — Giulio,— gli disse
una mattina, — tu mi ciurli nel manico, tu non sei più
quel d'una volta.   Non mi va questo.   Bada, tutte le 10
speranze della famiglia riposano su di te.   Io son
malcontento, capisci! — A questo rimprovero, il primo
veramente severo ch'ei ricevesse, il ragazzo si turbò.
E "sì, — disse tra sè, — è vero; così non si può continuare; bisogna che l'inganno finisca., Ma la sera di 15
quello steseo giorno, a desinare, suo padre uscì a dire`
con molta allegrezza: — Sapete che in questo mese ho
guadagnato trentadue lire di più che nel mese scorso,
a far fasce! — e dicendo questo, tirò di sotto alla tavola
un cartoccio di dolci, che aveva comprati per festeg- 20
giare coi suoi figliuoli il guadagno straordinario, e che
tutti accolsero battendo le mani.   E allora Giulio
riprese animo, e disse in cuor suo: " No, povero babbo,
io non cesserò d'ingannarti; io farò degli sforzi più
grandi per studiar lungo il giorno; ma continuerò a 25
lavorare di notte per te e per tutti gli altri., E il
padre soggiunse: — Trentadue lire di più!   Son contento.... Ma è quello là, — e indicò Giulio, — che mi
dà dei dispiaceri. — E Giulio ricevè il rimprovero in
silenzio, ricacciando dentro due lagrime che volevano 30
uscire; ma sentendo ad un tempo nel cuore una
grande dolcezza.

E seguitò a lavorare di forza. Ma la fatica accum-
ulandosi alla fatica, gli riusciva sempre più difficile di
resistervi. La cosa durava da due mesi. Il padre
continuava a rimbrottare il figliuolo e a guardarlo con
5 occhio sempre più corrucciato. Un giorno andò a
chiedere informazioni al maestro, e il maestro gli
disse: — Sì, fa, fa, perchè ha intelligenza. Ma non ha
più la buona voglia di prima. Sonnecchia, sbadiglia,
è distratto. Fa delle composizioni corte, buttate giù
10 in fretta, in cattivo carattere. Oh! potrebbe far
molto, ma molto di più. — Quella sera il padre prese il
ragazzo in disparte e gli disse parole più gravi di
quante ei ne avesse mai intese. — Giulio, tu vedi ch'io
lavoro, ch'io mi logoro la vita per la famiglia. Tu
15 non mi assecondi. Tu non hai cuore per me, nè per
i tuoi fratelli, nè per tua madre! — Ah no! non lo dire,
babbo! — gridò il figliuolo scoppiando in pianto, e aprì
la bocca per confessare ogni cosa. Ma suo padre l'interruppe, dicendo: — Tu conosci le condizioni della
20 famiglia; sai se c'è bisogno di buon volere e di sacrifizi da parte di tutti. Io stesso, vedi, dovrei raddop-
piare il mio lavoro. Io contavo questo mese sopra
una gratificazione di cento lire, alle strade ferrate, e
ho saputo stamani che non avrò nulla! — A quella
25 notizia, Giulio ricacciò dentro subito la confessione
che gli stava per fuggire dall'anima, e ripetè risolutamente a sè stesso: — No, babbo, io non ti dirò nulla;
io custodirò il segreto per poter lavorare per te; del
dolore di cui ti son cagione, ti compenso altrimenti;
30 per la scuola studierò sempre abbastanza da esser promosso; quello che importa è di aiutarti a guadagnar
la vita, e di alleggerirti la fatica che t'uccide. —

E tirò avanti, e furono altri due mesi di lavoro di notte e di spossatezza di giorno, di sforzi disperati del figliuolo e di rimproveri amari del padre. Ma il peggio era che questi s'andava via via raffreddando col ragazzo, non gli parlava più che di rado, come se fosse 5 un figliuolo intristito, da cui non restasse più nulla a sperare, e sfuggiva quasi d'incontrare il suo sguardo. E Giulio se n'avvedeva, e ne soffriva, e quando suo padre voltava le spalle, gli mandava un bacio furtivamente, sporgendo il viso, con un sentimento di tene- 10 rezza pietosa e triste; e tra per il dolore e per la fatica, dimagrava e scoloriva, e sempre più era costretto a trasandare i suoi studi. E capiva bene che avrebbe dovuto finirla un giorno, e ogni sera si diceva: — Questa notte non mi leverò più; — ma allo scoccare 15 delle dodici, nel momento in cui avrebbe dovuto riaffermare vigorosamente il suo proposito, provava un rimorso, gli pareva, rimanendo a letto, di mancare a un dovere, di rubare una lira a suo padre e alla sua famiglia. E si levava, pensando che una qualche 20 notte suo padre si sarebbe svegliato e l'avrebbe scrpreso, o che pure si sarebbe accorto dell'inganno per caso, contando le fasce due volte; e allora tutto sarebbe finito naturalmente, senza un atto della sua volontà, ch'egli non si sentiva il coraggio di compiere. 25 E così continuava.

Ma una sera, a desinare, il padre pronunciò una parola che fu decisiva per lui. Sua madre lo guardò, e parendole di vederlo più malandato e più smorto del solito, gli disse: — Giulio, tu sei malato. — E poi, vol- 30 tandosi al padre, ansiosamente: — Giulio è malato. Guarda com'è pallido! Giulio mio, cosa ti senti? — Il

padre gli diede uno sguardo di sfuggita, e disse:- È la cattiva coscienza che fa la cattiva salute. Egli non era così quando era uno scolaro studioso e un figliuolo di cuore. — Ma egli sta male! — esclamò la mamma.
5 — Non me ne importa più! — rispose il padre.

Quella parola fu una coltellata al cuore per il povero ragazzo. Ah! non glie ne importava più! Suo padre che tremava, una volta, solamente a sentirlo tossire! Non l'amava più dunque, non c'era più
10 dubbio ora, egli era morto nel cuore di suo padre.... Ah! no, padre mio, — disse tra sè il ragazzo, col cuore stretto dall'angoscia, — ora è finita davvero, io senza il tuo affetto non posso vivere, lo rivoglio intero, ti dirò tutto, non t'ingannerò più, studierò come prima;
15 nasca quel che nasca, purchè tu torni a volermi bene, povero padre mio! Oh questa volta son ben sicuro della mia risoluzione!

Ciò non di meno, quella notte si levò ancora, per forza d'abitudine, più che per altro; e quando fu le-
20 vato, volle andare a salutare, a riveder per qualche minuto, nella quiete della notte, per l'ultima volta, quello stanzino dove aveva tanto lavorato segretamente, col cuore pieno di soddisfazione e di tenerezza.

E quando si ritrovò al tavolino, col lume acceso, e
25 vide quelle fasce bianche, su cui non avrebbe scritto mai più quei nomi di città e di persone che oramai sapeva a memoria, fu preso da una grande tristezza, e con un atto impetuoso ripigliò la penna, per ricominciare il lavoro consueto. Ma nello stender la mano,
30 urtò un libro, e il libro cadde. Il sangue gli diede un tuffo. Se suo padre si svegliava! Certo non l'avrebbe sorpreso a commettere una cattiva azione, egli

stesso aveva ben deciso di dirgli tutto; eppure.... il sentir quel passo avvicinarsi, nell'oscurità; — l'esser sorpreso a quell'ora, in quel silenzio; — sua madre che si sarebbe svegliata e spaventata, — e il pensar per la prima volta che suo padre avrebbe forse provato un' 5 umiliazione in faccia sua, scoprendo ogni cosa.... tutto questo lo atterriva, quasi. Egli tese l'orecchio, col respiro sospeso.... Non sentì rumore. Origliò alla serratura dell'uscio che aveva alle spalle: nulla. Tutta la casa dormiva. Suo padre non aveva inteso. 10 Si tranquillò. E ricominciò a scrivere. E le fasce s'ammontavano sulle fasce. Egli sentì il passo cadenzato delle guardie civiche giù nella strada deserta; poi un rumore di carrozza che cessò tutt'a un tratto; poi, dopo un pezzo, lo strepito d'una fila di carri che 15 passavano lentamente; poi un silenzio profondo, rotto a quando a quando dal latrato lontano d'un cane. E scriveva, scriveva. E intanto suo padre era dietro di lui: egli s'era levato udendo cadere il libro, ed era rimasto aspettando il buon punto: lo strepito dei carri 20 aveva coperto il fruscìo dei suoi passi e il cigolìo leggiero delle imposte dell'uscio; ed era là, — con la sua testa bianca sopra la testina nera di Giulio, — e aveva visto correr la penna sulle fasce, — e in un momento aveva tutto indovinato, tutto ricordato, tutto compreso, e un pentimento disperato, una tenerezza immensa gli aveva invaso l'anima, e lo teneva inchiodato, soffocato là, dietro al suo bimbo. All'improvviso, Giulio diè un grido acuto, — due braccia convulse gli avevan serrata la testa. — O babbo! babbo, perdonami! perdonami! — gridò, riconoscendo suo padre al 30 pianto. — Tu, perdonami! — rispose il padre, singhioz-

zando e coprendogli la fronte di baci, — ho capito
tutto, so tutto, son io, son io che ti domando perdono,
santa creatura mia! Vieni, vieni con me! — E lo so-
spinse, o piuttosto lo portò al letto di sua madre sve-
5 gliata, e glielo gettò tra le braccia e le disse: — Bacia
quest'angiolo di figliuolo che da tre mesi non dorme e
lavora per me, e io gli contristo il cuore, a lui che ci
guadagna il pane! — La madre se lo strinse e se lo
tenne sul petto, senza poter raccoglier la voce; poi
10 disse: — A dormire, subito, bambino mio, va a dormire,
a riposare! Portalo a letto! — Il padre lo pigliò fra le
braccia, lo portò nella sua camera, lo mise a letto, sempre ansando e carezzandolo, e gli accomodò i cuscini
e le coperte. — Grazie, babbo, — andava ripetendo il fi-
15 gliuolo, — grazie; ma va a letto tu ora; io sono contento; va a letto, babbo. — Ma suo padre voleva vederlo
addormentato, sedette accanto al letto, gli prese la
mano e gli disse: — Dormi, dormi, figliuol mio! —
E Giulio, spossato, s'addormentò finalmente, e dormì
20 molte ore, godendo per la prima volta, dopo vari mesi,
d'un sonno tranquillo, rallegrato da sogni ridenti; e
quando aprì gli occhi, che splendeva già il sole da un
pezzo, sentì prima, e poi si vide accosto al petto, ap
poggiata sulla sponda del letticciolo, la testa bianca
25 del padre, che aveva passata la notte così, e dormiva
ancora, con la fronte contro il suo cuore.

GENNAIO.

IL MAESTRO SUPPLENTE.

4, mercoledì.

Aveva ragione mio padre: il maestro era di malumore perchè non stava bene ; e da tre giorni, infatti, viene in sua vece il supplente, quello piccolo e senza barba, che pare un giovinetto.   Una brutta cosa accadde questa mattina.   Già il primo e il secondo 5 giorno avevan fatto chiasso nella scuola, perchè il supplente ha una gran pazienza, e non fa che dire: — State zitti, state zitti, vi prego. — Ma questa mattina si passò la misura.   Si faceva un ronzìo che non si sentivan più le sue parole, ed egli ammoniva, pregava; 10 ma era fiato sprecato.   Due volte il Direttore s'affacciò all' uscio e guardò.   Ma via lui, il susurro cresceva, come in un mercato.   Avevano un bel voltarsi Garrone e Derossi a far dei cenni ai compagni che stessero buoni, che era una vergogna.   Nessuno ci 15 badava.   Non c' era che Stardi che stesse quieto, coi gomiti sul banco e i pugni alle tempie, pensando forse alla sua famosa libreria, e Garoffi, quello del naso a uncino e dei francobolli, che era tutto occupato a far l'elenco dei sottoscrittori a due centesimi per la 20 lotteria d' un calamaio da tasca.   Gli altri cicalavano e ridevano, sonavano con punte di pennini piantate

49

nei banchi, e si tiravano dei biascicotti di carta con gli
elastici delle calze. Il supplente afferrava per un
braccio ora l'uno ora l'altro, e li scrollava, e ne mise
uno contro il muro: — tempo perso. Non sapeva
5 più a che santo votarsi, pregava : — Ma perchè fate
in codesto modo ? volete farmi rimproverare per forza ?
— Poi batteva il pugno sul tavolino, e gridava con
voce di rabbia e di pianto : — Silenzio! Silenzio!
Silenzio! — Faceva pena a sentirlo. Ma il rumore
10 cresceva sempre. Franti gli tirò una frecciuola di
carta, alcuni facevan la voce del gatto, altri si scap-
pellottavano; era un sottosopra da non descriversi;
quando improvvisamente entrò il bidello e disse: —
Signor maestro, il Direttore la chiama. — Il maestro
15 s'alzò e uscì in fretta, facendo un atto disperato.
Allora il baccano ricominciò più forte. Ma tutt'a un
tratto Garrone saltò su col viso stravolto e coi pugni
stretti, e gridò con la voce strozzata dall'ira: — Fini-
tela. Siete bestie. Abusate perchè è buono. Se vi
20 pestasse le ossa stareste mogi come cani. Siete un
branco di vigliacchi. Il primo che gli fa ancora uno
scherno lo aspetto fuori e gli rompo i denti, lo giuro
anche sotto gli occhi di suo padre! — Tutti tacquero.
Ah! com'era bello a vedere, Garrone, con gli occhi che
25 mandavan fiamme! Un leoncello furioso, pareva.
Guardò uno per uno i più arditi, e tutti chinaron la
testa. Quando il supplente rientrò, con gli occhi
rossi, non si sentiva più un alito. — Egli rimase
stupito. — Ma poi, vedendo Garrone ancora tutto
30 acceso e fremente, capì, e gli disse con l'accento d'
un grande affetto, come avrebbe detto a un fratello:
— Ti ringrazio, Garrone.

LA LIBRERIA DI STARDI.

Sono andato da Stardi, che sta di casa in faccia alla scuola; e ho provato invidia davvero a veder la sua libreria. Non è mica ricco, non può comprar molti libri; ma egli conserva con gran cura i suoi libri di scuola, e quelli che gli regalano i parenti, e tutti i 5 soldi che gli danno, li mette da parte e li spende dal libraio: in questo modo s'è già messo insieme una piccola biblioteca, e quando suo padre s'è accorto che aveva quella passione, gli ha comperato. un bello scaffale di noce con la tendina verde, e gli ha fatto 10 legare quasi tutti i volumi coi colori che piacevano a lui. Così ora egli tira un cordoncino, la tenda verde scorre via e si vedono tre file di libri d'ogni colore, tutti in ordine, lucidi, coi titoli dorati sulle coste; dei libri di racconti, di viaggi e di poesie; e anche illus-15 trati. Ed egli sa combinar bene i colori, mette i volumi bianchi accanto ai rossi, i gialli accanto ai neri, gli azzurri accanto ai bianchi, in maniera che si vedan di lontano e facciano bella figura; e si diverte poi a variare le combinazioni. S'è fatto il suo cata-20 logo. È come un bibliotecario. Sempre sta attorno ai suoi libri, a spolverarli, a sfogliarli, a esaminare le legature; bisogna vedere con che cura gli apre, con quelle sue mani corte e grosse, soffiando tra le pagine: paiono ancora tutti nuovi. Io che ho sciupato tutti i 25 miei! Per lui, ad ogni nuovo libro che compera, è una festa a lisciarlo, a metterlo al posto e a riprenderlo per guardarlo per tutti i versi e a covarselo come un tesoro. Non m'ha fatto veder altro in un'ora. Aveva male agli occhi dal gran leggere. A 30 un certo momento passò nella stanza suo padre, che è

grosso e tozzo come lui, con un testone come il suo, e
gli diede due o tre manate sulla nuca, dicendomi con
quel vocione: — Che ne dici, eh di questa testaccia di
bronzo? È una testaccia che riuscirà a qualcosa, te
5 lo assicuro io! — E Stardi socchiudeva gli occhi sotto
quelle ruvide carezze come un grosso cane da caccia.
Io non so; non osavo scherzare con lui; non mi
pareva vero che avesse solamente un anno più di me;
e quando mi disse: — A rivederci — sull' uscio, con
10 quella faccia che par sempre imbronciata, poco mancò
che gli rispondessi: — La riverisco — come a un
uomo. Io lo dissi poi a mio padre, a casa: — Non
capisco: Stardi non ha ingegno, non ha belle maniere,
è una figura quasi buffa; eppure mi mette soggezione.
15 — E mio padre rispose: — È perchè ha carattere. —
Ed io soggiunsi: — In un'ora che son stato con lui,
non ha pronunciato cinquanta parole, non m'ha
mostrato un giocattolo, non ha riso una volta; eppure
ci son stato volentieri. — E mio padre rispose. — È
20 perchè lo stimi.

IL FIGLIUOLO DEL FABBRO FERRAIO.

Sì, ma anche Precossi io stimo, ed è troppo poco il
dire che lo stimo; Precossi, il figliuolo del fabbro ferraio, quello piccolo, smorto, che ha gli occhi buoni e
tristi, e un'aria di spaventato; così timido, che dice a
25 tutti: scusami; sempre malaticcio, e che pure studia
tanto. Suo padre rientra in casa briaco d'acquavite,
e lo batte senza un perchè al mondo, gli butta in aria
i libri e i quaderni con un rovescione; ed egli viene a
scuola coi lividi sul viso, qualche volta col viso tutto
30 gonfio e gli occhi infiammati dal gran piangere. Ma

mai, mai che gli si possa far dire che suo padre l'ha
battuto. — È tuo padre che t'ha battuto! — gli dicono
i compagni. Ed egli grida subito: Non è vero! Non
è vero! — per non far disonore a suo padre. — Questo
foglio non l'hai bruciato tu, — gli dice il maestro, 5
mostrandogli il lavoro mezzo bruciato. — Sì, — risponde lui, con la voce tremante; — son io che l'ho
lasciato cadere sul fuoco. — Eppure noi lo sappiamo
bene che è suo padre briaco che ha rovesciato tavolo
e lume con una pedata, mentr'egli faceva il suo lavoro. 10
Egli sta in una soffitta della nostra casa, dall'altra scala;
la portinaia racconta tutto a mia madre; mia sorella
Silvia lo sentì gridare dal terrazzo un giorno che
suo padre gli fece far la scala a capitomboli perchè
gli aveva chiesto dei soldi da comperare la Gramma- 15
tica. Suo padre beve, non lavora, e la famiglia patisce la fame. Quante volte il povero Precossi viene a
scuola digiuno, e rosicchia di nascosto un panino che
gli dà Garrone, o una mela che gli porta la maestrina
della penna rossa, che fu sua maestra di prima infe- 20
riore! Ma mai ch'egli dica: — Ho fame, mio padre
non mi dà da mangiare. — Suo padre vien qualche
volta a prenderlo, quando passa per caso davanti alla
scuola, pallido, malfermo sulle gambe, con la faccia
torva, coi capelli sugli occhi o il berretto per traverso; 25
e il povero ragazzo trema tutto quando lo vede nella
strada; ma tanto gli corre incontro sorridendo, e suo
padre par che non lo veda e pensi ad altro. Povero
Precossi! Egli si ricuce i quaderni stracciati, si fa
imprestare i libri per studiare la lezione, si riattacca i 30
brindelli della camicia con degli spilli, ed è una pietà
a vederlo far la ginnastica con quelli scarponi che ci

sguazza dentro, con quei calzoni che strascicano, e quel giacchettone troppo lungo, con le maniche rimboccate sino ai gomiti.   E studia, s'impegna; sarebbe uno dei primi se potesse lavorare a casa tranquillo. 5 Questa mattina è venuto alla scuola col segno d'un'unghiata sopra una gota, e tutti a dirgli: — È tuo padre, non lo puoi negare sta volta; è tuo padre che t'ha fatto quello.   Dillo al Direttore, che lo faccia chiamare in questura. — Ma egli s'alzò tutto rosso con 10 la voce che tremava dallo sdegno: — Non è vero! Non è vero! Mio padre non mi batte mai! — Ma poi, durante la lezione, gli cascavan le lacrime sul banco, e quando qualcuno lo guardava, si sforzava di sorridere, per non parere Povero Precossi! Domani verranno 15 a casa mia Derossi, Coretti e Nelli; lo voglio dire anche a lui, che venga.   E voglio fargli far merenda con me, regalargli dei libri, metter sossopra la casa per divertirlo e empirgli le tasche di frutte, per vederlo una volta contento, povero Precossi, che è 20 tanto buono e ha tanto coraggio!

I FUNERALI DI VITTORIO EMANUELE.

17, gennaio.

Quest'oggi alle due, appena entrato nella scuola, il maestro chiamò Derossi, il quale s'andò a mettere accanto al tavolino, in faccia a noi, e cominciò a dire col suo accento vibrato, alzando via via la voce limpida 25 e colorandosi in viso:

— Quattro anni sono, in questo giorno, a quest'ora, giungeva davanti al Pantheon, a Roma, il carro funebre che portava il cadavere di Vittorio Emanuele II, primo re d'Italia, morto dopo ventinove anni di

regnò, durante i quali la grande patria italiana, spez-
zata in sette Stati e oppressa da stranieri e da tiranni,
era risorta in uno Stato solo, indipendente e libero;
dopo un regno di ventinove anni, ch' egli aveva fatto
illustre e benefico col valore, con la lealtà, con l'ardi- 5
mento nei pericoli, con la saggezza nei trionfi, con la
costanza nelle sventure.   Giungeva il carro funebre,
carico di corone, dopo aver percorso Roma sotto una
pioggia di fiori, tra il silenzio di una immensa molti-
tudine addolorata, accorsa da ogni parte d'Italia, 10
preceduto da una legione di generali e da una folla
di ministri e di principi, seguito da un corteo di mu-
tilati, da una selva di bandiere, dagli inviati di tre-
cento città, da tutto ciò che rappresenta la potenza e
la gloria d'un popolo, giungeva dinanzi al tempio au- 15
gusto dove l'aspettava la tomba.   In questo momento
dodici corazzieri levavano il feretro dal carro.   In
questo momento l'Italia dava l'ultimo addio al suo re
morto, al suo vecchio re, che l'aveva tanto amata,
l'ultimo addio al suo soldato, al padre suo, ai venti- 20
nove anni più fortunati e più benedetti della sua
storia.   Fu un momento grande e solenne.   Lo
sguardo, l'anima di tutti trepidava tra il feretro e le
bandiere abbrunate degli ottanta reggimenti dell'esercito d'Italia, portate da ottanta uffiziali, schierati sul 25
suo passaggio; poichè l'Italia era là, in quegli ottanta
segnacoli, che ricordavano le migliaia di morti, i tor-
renti di sangue, le nostre più sacre glorie, i nostri più
santi sacrifizi, i nostri più tremendi dolori.   Il feretro, portato dai corazzieri, passò, e allora si chinarono 30
tutte insieme, in atto di saluto, le bandiere dei nuovi
reggimenti, le vecchie bandiere lacere di Goito, di Pas-

trengo, di Santa Lucia, di Novara, di Crimea, di Pales-
tro, di San Martino, di Castelfidardo, ottanta veli neri
caddero, cento medaglie urtarono contro la cassa, e quello strepito sonoro e confuso, che rimescolò il sangue di
5 tutti, fu come il suono di mille voci umane che dices-
sero tutte insieme: — Addio, buon re, prode re, leale
re! Tu vivrai nel cuore del tuo popolo finchè splen-
derà il sole sopra l'Italia. — Dopo di che le bandiere
si rialzarono alteramente verso il cielo, e re Vittorio
10 entrò nella gloria immortale della tomba.

IL TAMBURINO SARDO.

(*Racconto mensile.*)

Nella prima giornata della battaglia di Custoza, il
24 luglio del 1848, una sessantina di soldati d'un reggimento di fanteria del nostro esercito, mandati sopra
un'altura a occupare una casa solitaria, si trovarono
15 improvvisamente assaliti da due compagnie di soldati
austriaci, che tempestandoli di fucilate da varie parti,
appena diedero loro il tempo di rifugiarsi nella casa e
di sbarrare precipitosamente le porte, dopo aver lasciato alcuni morti e feriti pei campi. Sbarrate le porte,
20 i nostri accorsero a furia alle finestre del pian terreno
e del primo piano, e cominciarono a fare un fuoco
fitto sopra gli assalitori, i quali, avvicinandosi a grado
a grado, disposti in forma di semicerchio, risponde-
vano vigorosamente. Ai sessanta soldati italiani
25 comandavano due uffiziali subalterni e un capitano, un
vecchio alto, secco e austero, coi capelli e i baffi bianchi; e c'era con essi un tamburino sardo, un ragazzo
di poco più di quattordici anni, che ne dimostrava

dodici scars', piccolo, di viso bruno olivastro, con due
occhietti neri e profondi, che scintillavano. Il capitano, da una stanza del primo piano, dirigeva la
difesa, lanciando dei comandi che parean colpi di
pistola, e non si vedeva sulla sua faccia ferrea nessun 5
segno di commozione. Il tamburino, un po' pallido,
ma saldo sulle gambe, salito sopra un tavolino, allun-
gava il collo, trattenendosi alla parete, per guardar
fuori dalle finestre; e vedeva a traverso al fumo, pei
campi, le divise bianche degli Austriaci, che venivano 10
avanti lentamente. La casa era posta sulla sommità
d'una china ripida, e non aveva dalla parte della
china che un solo finestrino alto, rispondente in una
stanza a tetto ; perciò gli Austriaci non minacciavan
la casa da quella parte, e la china era sgombra: il 15
fuoco non batteva che la facciata e i due fianchi.

Ma era un fuoco d'inferno, una grandine di palle
di piombo che di fuori screpolava i muri e sbriciolava
i tegoli, e dentro fracassava soffitti, mobili, imposte,
battenti, buttando per aria scheggie di legno e nuvoli 20
di calcinacci e frantumi di stoviglie e di vetri, sibi-
lando, rimbalzando, schiantando ogni cosa con un
fragore da fendere il cranio. Di tratto in tratto uno
dei soldati che tiravan dalle finestre stramazzava indietro sul pavimento ed era trascinato in disparte. 25
Alcuni barcollavano di stanza in stanza, premendosi
le mani sopra le ferite. Nella cucina c'era già un
morto, con la fronte spaccata. Il semicerchio dei
nemici si stringeva.

A un certo punto fu visto il capitano, fino allora 30
impassibile, fare un segno d'inquietudine, e uscir a
grandi passi dalla stanza, seguito da un sergente.

Dopo tre minuti ritornò di corsa il sergente e chiamò
il tamburino, facendogli cenno che lo seguisse. Il
ragazzo lo seguì correndo su per una scala di legno ed
entrò con lui in una soffitta nuda, dove vide il capi-
5 tano, che scriveva con una matita sopra un foglio, appoggiandosi al finestrino, e ai suoi piedi, sul pavimento, c'era una corda da pozzo.

Il capitano ripiegò il foglio e disse bruscamente,
fissando negli occhi al ragazzo le sue pupille grigie e
10 fredde, davanti a cui tutti i soldati tremavano: —
Tamburino!

Il tamburino si mise la mano alla visiera.

Il capitano disse: — Tu hai del fegato.

Gli occhi del ragazzo lampeggiarono.

15 — Sì, signor capitano, — rispose.

— Guarda laggiù, — disse il capitano, spingendolo
al finestrino, — nel piano, vicino alle case di Villafranca, dove c'è un luccichìo di baionette. Là ci sono
i nostri, immobili. Tu prendi questo biglietto,
20 t'afferri alla corda, scendi dal finestrino, divori la
china, pigli pei campi, arrivi fra i nostri, e dai il biglietto al primo ufficiale che vedi. Butta via il cinturino e lo zaino.

Il tamburino si levò il cinturino e lo zaino, e si mise
25 il biglietto nella tasca del petto; il sergente gettò
fuori la corda e ne tenne afferrato con due mani l'uno
dei capi; il capitano aiutò il ragazzo a passare per
il finestrino, con la schiena rivolta verso la campagna.

30 — Bada, — gli disse, — la salvezza del distacca-
mento è nel tuo coraggio e nelle tue gambe.

— Si fidi di me, signor capitano, — rispose il tamburino, spenzolandosi fuori.

— Cúrvati nella discesa, — disse ancora il capitano afferrando la corda insieme al sergente.

— Non dubiti.

— Dio t'aiuti.

In pochi momenti il tamburino fu a terra; il sergente tirò su la corda e disparve; il capitano s'affacciò impetuosamente al finestrino, e vide il ragazzo che volava giù per la china.

Sperava già che fosse riuscito a fuggire inosservato quando cinque o sei piccoli nuvoli di polvere che si sollevarono da terra davanti e dietro al ragazzo, l'avvertirono che era stato visto dagli Austriaci, i quali gli tiravano addosso dalla sommità dell'altura: quei piccoli nuvoli eran terra buttata in aria dalle palle. Ma il tamburino continuava a correre a rompicollo. A un tratto, stramazzò. — Ucciso! — ruggì il capitano, addentandosi il pugno. Ma non aveva anche detto la parola, che vide il tamburino rialzarsi. — Ah! una caduta soltanto! — disse tra sè, e respirò. Il tamburino, infatti, riprese a correre di tutta forza; ma zoppicava. — Un torcipiede, — pensò il capitano. Qualche nuvoletto di polvere si levò ancora qua e 'là intorno al ragazzo, ma sempre più lontano. Egli era in salvo. Il capitano mise un'esclamazione di trionfo. Ma seguitò ad accompagnarlo con gli occhi, trepidando, perchè era un affar di minuti: se non arrivava laggiù il più presto possibile col biglietto che chiedeva immediato soccorso, o tutti i suoi soldati cadévano uccisi, o egli doveva arrendersi e darsi prigioniero con loro. Il ragazzo correva rapido un tratto, poi rallentava il passo zoppicando, poi ripigliava la corsa, ma sempre più affaticato, e ogni tanto incespicava, si soffermava. — Lo ha forse colto una palla di striscio, — pensò il capitano, e notava tutti i suoi movimenti, 5 fremendo, e lo eccitava, gli parlava, come se quegli avesse potuto sentirlo; misurava senza posa, con l'occhio ardente, lo spazio interposto fra il ragazzo fuggente e quel luccichìo d'armi che vedeva laggiù nella pianura in mezzo ai campi di frumento dorati dal sole. 10 E intanto sentiva i sibili e il fracasso delle palle nelle stanze di sotto, le grida imperiose e rabbiose degli ufficiali e dei sergenti, i lamenti acuti dei feriti, il rovinìo dei mobili e dei calcinacci. — Su! coraggio! — gridava, seguitando con lo sguardo il tamburino lontano, 15 —avanti! corri! Si ferma, maledetto! Ah! riprende la corsa. — Un ufficiale venne a dirgli ansando che i nemici, senza interrompere il fuoco, sventolavano un panno bianco per intimare la resa. — Non si risponda! — egli gridò, senza staccar lo sguardo dal ragazzo, che 20 era già nel piano, ma che più non correva, e parea che si trascinasse stentatamente. — Ma va! ma corri! — diceva il capitano stringendo i denti e i pugni; — ammazzati, muori, scellerato, ma va! — Poi gettò un'orribile imprecazione. — Ah! l'infame poltrone, s'è 25 seduto! — Il ragazzo, infatti, di cui fino allora egli aveva visto sporgere il capo al disopra d'un campo di frumento, era scomparso, come se fosse caduto. Ma dopo un momento, la sua testa venne fuori daccapo; infine si perdette dietro alle siepi, e il capitano non 30 lo vide più.

Allora discese impetuosamente; le palle tempestavano; le stanze erano ingombre di feriti, alcuni dei quali giravano su sè stessi come briachi, aggrappandosi ai mobili; le pareti e il pavimento erano chiazzati di sangue; dei cadaveri giacevano a traverso alle porte; il luogotenente aveva il braccio destro spezzato da una palla; il fumo e il polverìo avvolgevano ogni 5 cosa. — Coraggio! — gridò il capitano. — Fermi al posto! Arrivan soccorsi! Ancora un po' di coraggio! — Gli Austriaci s'erano avvicinati ancora; si vedevano giù tra il fumo i loro visi stravolti, si sentivan tra lo strepito delle fucilate le loro grida selvagge, che 10 insultavano, intimavan la resa, minacciavan l'eccidio. Qualche soldato, impaurito, si ritraeva dalle finestre; i sergenti lo ricacciavano avanti. Ma il fuoco della difesa infiacchiva, lo scoraggiamento appariva su tutti i visi, non era più possibile protrarre la resistenza. A 15 un dato momento, i colpi degli Austriaci rallentarono, e una voce tonante gridò prima in tedesco, poi in italiano: — Arrendetevi! — No! — urlò il capitano da una finestra. E il fuoco ricominciò più fitto e più rabbioso dalle due parti. Altri soldati caddero. Già più 20 d'una finestra era senza difensori. Il momento fatale era imminente. Il capitano gridava con voce smozzicata fra i denti: — Non vengono! Non vengono! — e correva intorno furioso, torcendo la sciabola con la mano convulsa, risoluto a morire. Quando un ser- 25 gente, scendendo dalla soffitta, gettò un grido altissimo: — Arrivano! — Arrivano! — ripetè con un grido di gioia il capitano. — A quel grido tutti, sani, feriti, sergenti, ufficiali si slanciarono alle finestre, e la resistenza inferocì un'altra volta. Di lì a pochi mo- 30 menti, si notò come un'incertezza e un principio di disordine fra i nemici. Subito, in furia, il capitano,

radunò un drappello nella stanza a terreno, per far
impeto fuori, con le baionette inastate. — Poi rivolò
di sopra. Era appena arrivato, che sentirono uno
scalpitìo precipitoso, accompagnato da un urrà for-
5 midabile, e videro dalle finestre venir innanzi tra il
fumo i cappelli a due punte dei carabinieri italiani,
uno squadrone lanciato ventre a terra, e un balenìo
fulmineo di lame mulinate per aria, calate sui capi,
sulle spalle, sui dorsi; — allora il drappello irruppe a
10 baionette basse fuor della porta; — i nemici vacilla-
rono, si scompigliarono, diedero di volta; il terreno
rimase sgombro, la casa fu libera, e poco dopo due
battaglioni di fanteria italiana e due cannoni occupa-
van l'altura.

15 Il capitano, coi soldati che gli rimanevano, si ricon-
giunse al suo reggimento, combattè ancora, e fu
leggermente ferito alla mano sinistra da una palla
rimbalzante, nell'ultimo assalto alla baionetta.

La giornata finì con la vittoria dei nostri.

20 Ma il giorno dopo, essendosi ricominciato a com-
battere, gli Italiani furono oppressi, malgrado la
valorosa resistenza, dal numero soverchiante degli
Austriaci, e la mattina del ventisei dovettero prender tristamente la via della ritirata, verso il Mincio.

25 Il capitano, benchè ferito, fece il cammino a piedi
coi suoi soldati, stanchi e silenziosi, e arrivato sul
cader del giorno a Goito, sul Mincio, cercò subito
del suo luogotenente, che era stato raccolto col braccio
spezzato dalla nostra Ambulanza, e doveva esser
30 giunto là prima di lui. Gli fu indicata una chiesa,
dov' era stato installato affrettatamente un ospedale
da campo. Egli v' andò. La chiesa era piena di

feriti, adagiati su due file di letti e di materasse distese sul pavimento; due medici e vari inservienti andavano e venivano, affannati; e s'udivan delle grida soffocate e dei gemiti.

Appena entrato, il capitano si fermò, e girò lo 5 sguardo all'intorno, in cerca del suo uffiziale.

In quel punto si sentì chiamare da una voce fioca, vicinissima: — Signor capitano!

Si voltò: era il tamburino.

Era disteso sopra un letto a cavalletti, — coperto 10 fino al petto da una rozza tenda da finestra, a quadretti rossi e bianchi, — con le braccia fuori; pallido e smagrito, ma sempre coi suoi occhi scintillanti, come due gemme nere.

— Sei qui, tu? — gli domandò il capitano, stu- 15 pito, ma brusco. — Bravo. Hai fatto il tuo dovere.

— Ho fatto il mio possibile, — rispose il tamburino.

— Sei stato ferito, — disse il capitano, cercando con gli occhi il suo uffiziale nei letti vicini. 20

— Che vuole! — disse il ragazzo, a cui dava coraggio a parlare la compiacenza altiera d'esser per la prima volta ferito, senza di che non avrebbe osato d'aprir bocca in faccia a quel capitano; — ho avuto un bel correre gobbo, m'han visto subito. Arrivavo 25 venti minuti prima se non mi coglievano. Per fortuna che ho trovato subito un capitano di Stato Maggiore da consegnargli il biglietto. Ma è stato un brutto discendere dopo quella carezza! Morivo dalla sete, temevo di non arrivare più, piangevo dalla rabbia 30 a pensare che ad ogni minuto di ritardo se n'andava uno all'altro mondo, lassù. Basta, ho fatto quello che ho potuto. Son contento. Ma guardi lei, con licenza, signor capitano, che perde sangue.

Infatti dalla palma mal fasciata del capitano colava giù per le dita qualche goccia di sangue.

5 — Vuol che le dia una stretta io alla fascia, signor capitano? Porga un momento.

Il capitano porse la mano sinistra, e allungò la destra per aiutare il ragazzo a sciogliere il nodo e a rifarlo; ma il ragazzo, sollevatosi appena dal cuscino, 10 impallidì, e dovette riappoggiare la testa.

— Basta, basta, — disse il capitano, guardandolo, e ritirando la mano fasciata, che quegli volea ritenere: — bada ai fatti tuoi, invece di pensare agli altri, chè anche le cose leggiere, a trascurarle, possono farsi 15 gravi.

Il tamburino scosse il capo.

— Ma tu, — gli disse il capitano, guardandolo attentamente, — devi aver perso molto sangue, tu, per esser debole a quel modo.

20 — Perso molto sangue? — rispose il ragazzo, con un sorriso. — Altro che sangue Guardi.

E tirò via d'un colpo la coperta.

Il capitano diè un passo indietro, inorridito.

Il ragazzo non aveva più che una gamba: la gamba 25 sinistra gli era stata amputata al di sopra del ginocchio: il troncone era fasciato di panni insanguinati.

In quel momento passò un medico militare, piccolo e grasso, in maniche di camicia. — Ah! signor capitano, — disse rapidamente, accennandogli il tambu- 30 rino, — ecco un caso disgraziato; una gamba che si sarebbe salvata con niente s'egli non l'avesse forzata in quella pazza maniera; un'infiammazione maledetta; bisognò tagliar lì per lì. Oh, ma.... un bravo ragazzo, gliel'assicuro io; non ha dato una lacrima, non un grido! Ero superbo che fosse un ragazzo italiano, mentre l'operavo, in parola d'onore. Quello è di buona razza, perdio!

E se n'andò di corsa.

Il capitano corrugò le grandi sopracciglia bianche, e guardò fisso il tamburino, ristendendogli addosso la coperta; poi, lentamente, quasi non avvedendosene, e fissandolo sempre, alzò la mano al capo e si levò il cheppì.

— Signor capitano! — esclamò il ragazzo meravigliato — Cosa fa, signor capitano? Per me!

E allora quel rozzo soldato che non aveva mai detto una parola se non ad un suo inferiore, rispose con una voce indicibilmente affettuosa e dolce: — Io non sono che un capitano; tu sei un eroe.

Poi si gettò con le braccia aperte sul tamburino, e lo baciò tre volte sul cuore.

FEBBRAIO.

UNA MEDAGLIA BEN DATA.

4, *sabato*.

Questa mattina venne a dar le medaglie il Sovrintendente scolastico, un signore con la barba bianca, vestito di nero. Entrò col Direttore, poco prima del finis, e sedette accanto al maestro. Interrogò parecchi, poi diede la prima medaglia a Derossi, e prima di dar la seconda, stette qualche momento a sentire il maestro e il Direttore, che gli parlavano a voce bassa. Tutti domandavano: — A chi darà la seconda? — Il Sovrintendente disse a voce alta: — La seconda medaglia l' ha meritata questa settimana l' alunno Pietro Precossi; meritata per i lavori di casa, per le lezioni, per la calligrafia, per la condotta, per tutto. — Tutti si voltarono a guardar Precossi, si vedeva che ci avevan tutti piacere. Precossi s' alzò, confuso che non sapeva più dove fosse. — Vieni qua, — disse il Sovrintendente. Precossi saltò giù dal banco e andò accanto al tavolino del maestro. Il Sovrintendente guardò con attenzione quel visino color di cera, quel piccolo corpo insaccato in quei panni rimboccati e disadatti, quegli occhi buoni e tristi, che sfuggivano i suoi, ma che lasciavano indovinare una storia di patimenti; poi gli disse con voce piena di affetto, attac-

66

candogli la medaglia alla spalla: — Precossi, ti dò la
medaglia. Nessuno è più degno di te di portarla.
Non la do soltanto alla tua intelligenza e al tuo buon
volere; la do al tuo cuore, la do al tuo coraggio, al
tuo carattere di bravo e buon figliuolo. — Non è vero, 5
— soggiunse, voltandosi verso la classe, — che egli la
merita anche per questo? — Sì, sì, — risposero tutti a
una voce. Precossi fece un movimento del collo
come per inghiottire qualche cosa, e girò sui banchi
uno sguardo dolcissimo, che esprimeva una gratitu- 10
dine immensa. — Va, dunque, — gli disse il Sovrintendente, — caro ragazzo! E Dio ti protegga! — Era
l'ora d'uscire. La nostra classe uscì avanti le altre.
Appena siamo fuori dell'uscio.... chi vediamo lì nel
camerone, proprio sull'entrata? Il padre di Precossi, 15
il fabbro ferraio, pallido, come al solito, col viso torvo,
coi capelli negli occhi, col berretto per traverso, malfermo sulle gambe. Il maestro lo vide subito e parlò
nell'orecchio al Sovrintendente; questi cercò Precossi
in fretta e, presolo per mano, lo condusse da suo pa- 20
dre. Il ragazzo tremava. Anche il maestro e il
direttore s'avvicinarono; molti ragazzi si fecero intorno — Lei è il padre di questo ragazzo, è vero?
— domandò il Sovrintendente al fabbro, con fare allegro, come se fossero amici. E senz'aspettar la rispo- 25
sta: — Mi rallegro con lei. Guardi: egli ha guadagnato la seconda medaglia, sopra cinquantaquattro
compagni; l'ha meritata nella composizione, nell'aritmetica, in tutto. È un ragazzo pieno d'intelligenza
e di buona volontà, che farà molto cammino; un bravo 30
ragazzo, che ha l'affezione e la stima di tutti; lei ne
può andar superbo, gliel'assicuro. — Il fabbro, che

era stato a sentire con la bocca aperta, guardò fiso il Sovrintendente e il Direttore, e poi fissò il suo figliuolo, che gli stava davanti, con gli occhi bassi, tremando; e come se ricordasse e capisse allora per la
5 prima volta tutto quello che aveva fatto soffrire a quel povero piccino, e tutta la bontà, tutta la costanza eroica con cui egli aveva sofferto, mostrò a un tratto nel viso una certa meraviglia stupida, poi un dolore accigliato, infine una tenerezza violenta e triste, e con
10 un rapido gesto afferrò il ragazzo per il capo e se lo strinse sul petto. Noi gli passammo tutti davanti; io l'invitai a venir a casa giovedì, con Garrone e Crossi; altri lo salutarono; chi gli facea una carezza, chi gli toccava la medaglia, tutti gli dissero qualche
15 cosa. E il padre ci guardava stupito, tenendosi sempre serrato al petto il capo del figliuolo, che singhiozzava.

IL PRIGIONIERO.

27, venerdì.

Ah! questo è certamente il caso più strano di tutto l'anno! Mio padre mi condusse ieri mattina nei din-
20 torni di Moncalieri, a vedere una villa da prendere a pigione per l'estate prossima, perchè quest'anno non andiamo più a Chieri; e si trovò che chi aveva le chiavi era un maestro, il quale fa da segretario al padrone. Egli ci fece vedere la casa, e poi ci con-
25 dusse nella sua camera, dove ci diede da bere. C'era sul tavolino, in mezzo ai bicchieri, un calamaio di legno, di forma conica, scolpito in una maniera singolare. Vedendo che mio padre lo guardava, il maestro gli disse: — Quel calamaio lì mi è prezioso: se

sapesse, signore, la storia di quel calamaio! — E la
raccontò: Anni sono egli era maestro a Torino, e
andò per tutto un inverno a far lezione ai prigionieri,
nelle Carceri giudiziarie.   Faceva lezione nella chiesa
delle carceri, che è un edifizio rotondo, e tutt' intorno,   5
nei muri alti e nudi, ci son tanti finestrini quadrati,
chiusi da due sbarre di ferro incrociate, a ciascuno
dei quali corrisponde di dentro una piccolissima cella.
Egli faceva lezione passeggiando per la chiesa fredda
e buia, e i suoi scolari stavano affacciati a quelle   10
buche, coi quaderni contro le inferriate, non mostrando
altro che i visi nell'ombra, dei visi sparuti e accigliati,
delle barbe arruffate e grigie, degli occhi fissi d'omi-
cidi e di ladri.   Ce n'era uno, fra gli altri, al numero
78, che stava più attento di tutti, e studiava molto, e   15
guardava il maestro con gli occhi pieni di rispetto e
di gratitudine.   Era un giovane con la barba nera,
più disgraziato che malvagio, un ebanista, il quale, in
un impeto di collera, aveva scagliato una pialla contro il suo padrone, che da un pezzo lo perseguitava, e   20
l'aveva ferito mortalmente al capo; e per questo era
stato condannato a vari anni di reclusione.   In tre
mesi egli aveva imparato a leggere e a scrivere, e leg-
geva continuamente, e quanto più imparava, tanto
più pareva che diventasse buono e che fosse pentito   25
del suo delitto.   Un giorno, sul finir della lezione,
egli fece cenno al maestro che s'avvicinasse al finestrino, e gli annunziò, con tristezza, che la mattina
dopo sarebbe partito da Torino, per andare a scontare
la sua pena nelle carceri di Venezia; e dettogli addio,   30
lo pregò con voce umile e commossa che si lasciasse
toccare la mano.   Il maestro gli porse la mano, ed

egli la baciò; poi disse: — Grazie! Grazie! — e disparve. Il maestro ritirò la mano: era bagnata di lacrime. Dopo d'allora non lo vide più. Passarono sei anni. — "Io pensavo a tutt'altro che a quel dis-
5 "graziato — disse il maestro, — quando ieri l'altro "mattina, mi vedo capitare a casa uno sconosciuto "con una gran barba nera, già un po' brizzolata, ves-"tito malamente; il quale mi dice: — È lei, signore, "il maestro tale dei tali? — Chi siete? — gli do-
10 "mando io. — Sono il carcerato del numero 78, — "mi risponde; — m'ha insegnato lei a leggere e a "scrivere, sei anni fa; se si rammenta, all'ultima "lezione m'ha dato la mano; ora ho scontato la mia "pena e son qui.... a pregarla che mi faccia la gra-
15 "zia d'accettare un mio ricordo, una cosuccia che "ho lavorato in prigione. La vuol accettare per mia "memoria, signor maestro? — Io rimasi lì, senza "parola. Egli credette che non volessi accettare, e "mi guardò, come per dire: — Sei anni di patimenti
20 "non sono dunque bastati a purgarmi le mani!; — "ma con espressione così viva di dolore mi guardò, "che tesi subito la mano e presi l'oggetto. Eccolo "qui.„ — Guardammo attentamente il calamaio: pa-reva stato lavorato con la punta d'un chiodo, con
25 lunghissima pazienza; c'era su scolpita una penna a traverso a un quaderno, e scritto intorno: "Al mio maestro. — Ricordo del numero 78 — Sei anni!„ — E sotto, in piccoli caratteri: — "Studio e speranza....„ Il maestro non disse altro; ce n'andammo. Ma per
30 tutto il tragitto da Moncalieri a Torino, io non potei levarmi dal capo quel prigioniero affacciato al fine-strino, quell'addio al maestro, quel povero calamaio

lavorato in carcere, che diceva tante cose, e lo sognai
la notte, e ci pensavo ancora questa mattina . . . .
quanto lontano dall'immaginare la sorpresa che m'aspettava alla scuola! Entrato appena nel mio nuovo
banco, accanto a Derossi, e scritto il problema d'arit- 5
metica dell'esame mensile, raccontai al mio compagno
tutta la storia del prigioniero e del calamaio e come
il calamaio era fatto, con la penna a traverso al quaderno, e quell'iscrizione intorno: — Sei anni! — Derossi scattò a quelle parole, e cominciò a guardare ora 10
me ora Crossi, il figliuolo dell'erbivendola, che era nel
banco davanti, con la schiena rivolta a noi, tutto
assorto nel suo problema. — Zitto! — disse poi, a
bassa voce, pigliandomi per un braccio. — Non sai?
Crossi mi disse avant'ieri d'aver visto di sfuggita un 15
calamaio di legno tra le mani di suo padre ritornato
dall'America: un calamaio conico, lavorato a mano,
con un quaderno e una penna: — è quello; — sei
anni; — egli diceva che suo padre era in America: —
era invece in prigione; — Crossi era piccolo al tempo 20
del delitto, non si ricorda, sua madre lo ingannò, egli
non sa nulla; non ci sfugga una sillaba di questo! —
Io rimasi senza parola, con gli occhi fissi su di Crossi.
E allora Derossi risolvette il problema e lo passò sotto
il banco a Crossi; gli diede un foglio di carta; gli 25
levò di mano l'*Infermiere di Tata*, il racconto mensile, che il maestro gli aveva dato a ricopiare, per
ricopiarlo lui in sua vece: gli regalò dei pennini, gli
accarezzò la spalla, mi fece promettere sul mio onore,
che non avrei detto nulla a nessuno; e quando us- 30
cimmo dalla scuola mi disse in fretta: — Ieri suo
padre è venuto a prenderlo, ci sarà anche questa mat-

tina: fa come faccio io. — Uscimmo nella strada, il
padre di Crossi era là, un po' in disparte: un uomo
con la barba nera, già un po' brizzolata, vestito malamente, con un viso scolorito e pensieroso: Derossi
5 strinse la mano a Crossi, in modo da farsi vedere, e
gli disse forte: — A rivederci, Crossi, — e gli passò
la mano sotto mento; io feci lo stesso. Ma facendo
quello, Derossi diventò color di porpora, io pure; e il
padre di Crossi ci guardò attentamente, con uno
10 sguardo benevolo; ma in cui traluceva un'espressione
d'inquietudine e di sospetto, che ci mise freddo nel
cuore.

L' INFERMIERE DI TATA.

(*Racconto mensile.*)

La mattina d'un giorno piovoso di marzo, un ragazzo vestito da campagnuolo, tutto inzuppato d'acqua
15 e infangato, con un involto di panni sotto il braccio,
si presentava al portinaio dell'Ospedale dei Pellegrini
di Napoli, e domandava di suo padre, presentando una
lettera. Aveva un bel viso ovale d'un bruno pallido,
gli occhi pensierosi e due grosse labbra semiaperte,
20 che lasciavan vedere i denti bianchissimi. Veniva da
un villaggio dei dintorni di Napoli. Suo padre, partito di casa l'anno addietro per andare a cercar lavoro
in Francia, era tornato in Italia e sbarcato pochi dí
prima a Napoli, dove, ammalatosi improvvisamente,
25 aveva appena fatto in tempo a scrivere un rigo alla
famiglia per annunziarle il suo arrivo e dirle che
entrava all'ospedale. Sua moglie desolata di quella
notizia, non potendo moversi di casa perchè aveva
una bimba inferma e un piccino, aveva mandato a

Napoli il figliuolo maggiore, con qualche soldo, ad assistere suo padre; il suo *tata*, come là si dice; il ragazzo aveva fatto dieci miglia di cammino.

Il portinaio, data un'occhiata alla lettera, chiamò un infermiere e gli disse che conducesse il ragazzo 5 dal padre.

— Che padre? — domandò l'infermiere.

Il ragazzo, tremante per il timore d'una trista notizia, disse il nome.

L' infermiere non si rammentava quel nome.   10

— Un vecchio operaio venuto di fuori? — domandò.

— Operaio sì, — rispose il ragazzo, sempre più ansioso; — non tanto vecchio.   Venuto di fuori, sì.

— Entrato all'ospedale quando? — domandò l'in- 15 fermiere.

Il ragazzo diede uno sguardo alla lettera. — Cinque giorni fa, credo.

L'infermiere stette un po' pensando; poi, come ricordandosi a un tratto: — Ah! — disse, — il quarto 20 camerone, il letto in fondo.

È malato molto?   Come sta? — domandò affannosamente il ragazzo.

L'infermiere lo guardò, senza rispondere.   Poi disse: — Vieni con me.   25

Salirono due branche di scale, andarono in fondo a un largo corridoio e si trovarono in faccia alla porta aperta d'un camerone, dove s'allungavano due file di letti. — Vieni, — ripetè l' infermiere, entrando.   Il ragazzo si fece animo e lo seguitò, gettando sguardi 30 paurosi a destra e a sinistra, sui visi bianchi e smunti dei malati, alcuni dei quali avevan gli occhi chiusi, e

parevano morti, altri guardavan per aria con gli occhi grandi e fissi, come spaventati. Parecchi gemevano, come bambini. Il camerone era oscuro, l'aria impregnata d'un odore acuto di medicinali. Due suore di
5 carità andavano attorno con delle boccette in mano.

Arrivato in fondo al camerone, l'infermiere si fermò al capezzale d'un letto, aperse le tendine e disse: — Ecco tuo padre.

10 Il ragazzo diede in uno scoppio di pianto, e lasciato cadere l' involto, abbandonò la testa sulla spalla del malato, afferrandogli con una mano il braccio che teneva disteso immobile sopra la coperta. Il malato non si scosse.

15 Il ragazzo si rialzò e guardò il padre, e ruppe in pianto un' altra volta. Allora il malato gli rivolse uno sguardo lungo e parve che lo riconoscesse. Ma le sue labbra non si movevano. Povero *tata*, quanto era mutato! Il figliuolo non l'avrebbe mai riconosci-
20 uto. Gli s'erano imbiancati i capelli, gli era cresciuta la barba, aveva il viso gonfio, d'un color rosso carico, con la pelle tesa e luccicante, gli occhi rimpiccioliti, le labbra ingrossate, la fisonomia tutta alterata; non aveva più di suo che la fronte e l' arco delle sopracci-
25 glia. Respirava con affanno.

— Tata, tata mio! — disse il ragazzo. — Son io, non mi riconoscete? Sono Ciccillo, il vostro Ciccillo, venuto dal paese, che m'ha mandato la mamma. Guardatemi bene, non mi riconoscete? Ditemi una
30 parola.

Ma il malato, dopo averlo guardato attentamente, chiuse gli occhi.

— Tata! Tata! che avete? Sono il vostro figliuolo, Ciccillo vostro.

Il malato non si mosse più, e continuò a respirare affannosamente.

Allora, piangendo, il ragazzo prese una seggiola, sedette e stette aspettando, senza levar gli occhi dal viso di suo padre. — Un medico passerà bene a far la visita, — pensava, — Egli mi dirà qualche cosa. — E s'immerse ne' suoi pensieri tristi, ricordando tante cose del suo buon padre, il giorno della partenza, quando gli aveva dato l'ultimo addio sul bastimento, le speranze che aveva fondato la famiglia su quel suo viaggio, la desolazione di sua madre all'arrivo della lettera; e pensò alla morte, vide suo padre morto, sua madre vestita di nero, la famiglia nella miseria. E stette molto tempo così. Quando una mano leggiera gli toccò una spalla, ed ei si riscosse: era una monaca. — Che cos'ha mio padre? — le domandò subito. — È tuo padre? — disse la suora, dolcemente. — Sì, è mio padre, son venuto. Che cos'ha? — Coraggio, ragazzo, — rispose la suora; — ora verrà il medico. — E s'allontanò, senza dir altro.

Dopo mezz'ora, sentì il tocco d'una campanella, e vide entrare in fondo al camerone il medico, accompagnato da un assistente; la suora e un infermiere li seguivano. Cominciaron la visita, fermandosi a ogni letto. Quell'aspettazione pareva eterna al ragazzo, e ad ogni passo del medico gli cresceva l'affanno. Finalmente arrivò al letto vicino. Il medico era un vecchio alto e curvo, col viso grave. Prima ch'egli si staccasse dal letto vicino, il ragazzo si levò in piedi, e quando gli s'avvicinò, si mise a piangere.

Il medico lo guardò.

— È il figliuolo del malato — disse la suora; — è arrivato questa mattina del suo paese.

Il medico gli posò una mano sulla spalla, poi si 5 chinò sul malato, gli tastò il polso, gli toccò la fronte, e fece qualche domanda alla suora, la quale rispose: — nulla di nuovo. — Rimase un po' pensieroso, poi disse: — Continuate come prima.

Allora il ragazzo si fece coraggio e domandò con 10 voce di pianto: — Che cos'ha mio padre?

— Fatti animo, figliuolo, — rispose il medico, rimettendogli una mano sulla spalla. — Ha una risipola facciale. È grave, ma c'è ancora speranza. Assistilo. La tua presenza gli può far del bene.

15 — Ma non mi riconosce! — esclamò il ragazzo in tuono desolato.

— Ti riconoscerà.... domani, forse. Speriamo bene, fatti coraggio.

Il ragazzo avrebbe voluto domandar altro; ma non 20 osò. Il medico passò oltre. E allora egli cominciò la sua vita d'infermiere. Non potendo far altro accomodava le coperte al malato, gli toccava ogni tanto la mano, gli cacciava i moscerini, si chinava su di lui ad ogni gemito, e quando la suora portava da bere, le 25 levava di mano il bicchiere o il cucchiaio, e lo porgeva in sua vece. Il malato lo guardava qualche volta; ma non dava segno di riconoscerlo. Senonchè il suo sguardo si arrestava sempre più a lungo sopra di lui, specialmente quando si metteva agli occhi il fazzoletto. 30 E così passò il primo giorno. La notte il ragazzo dormì sopra due seggiole, in un angolo del camerone, e la mattina riprese il suo ufficio pietoso. Quel giorno

parve che gli occhi del malato rivelassero un principio
di conscienza. Alla voce carezzevole del ragazzo pareva che un' espressione vaga di gratitudine gli bril-
lasse un momento nelle pupille, e una volta mosse un
poco le labbra come se volesse dir qualche cosa. Dopo 5
ogni breve assopimento, riaprendo gli occhi, sembrava
che cercasse il suo piccolo infermiere. Il medico,
ripassato due volte, notò un poco di miglioramento.
Verso sera, avvicinandogli il bicchiere alle labbra, il
ragazzo credette di veder guizzare sulle sue labbra 10
gonfie un leggerissimo sorriso. E allora cominciò a
riconfortarsi, a sperare. E con la speranza d'essere
inteso, almeno confusamente, gli parlava, gli parlava a
lungo, della mamma, delle sorelle piccole, del ritorno
a casa, e lo esortava a farsi animo, con parole calde e 15
amorose. E benchè dubitasse sovente di non esser
capito, pure parlava, perchè gli pareva che, anche
non comprendendo, il malato ascoltasse con un certo
piacere la sua voce, quell'intonazione insolita di affetto
e di tristezza. E in quella maniera passò il secondo 20
giorno, e il terzo, e il quarto, in una vicenda di migli-
oramenti leggieri e di peggioramenti improvvisi; e il
ragazzo era così tutto assorto nelle sue cure, che appena sbocconcellava due volte al giorno un po' di
pane e un po' di formaggio, che gli portava la suora, 25
e non vedeva quasi quel che seguiva intorno a lui, i
malati moribondi, l'accorrere improvviso delle suore di
notte, i pianti e gli atti di desolazione dei visitatori che
uscivano senza speranza, tutte quelle scene dolorose e
lugubri della vita d'uno spedale, che in qualunque 30
altra occasione l'avrebbero sbalordito e atterrito. Le
ore, i giorni passavano, ed egli era sempre là col suo

tata, attento, premuroso, palpitante ad ogni suo sospiro
e ad ogni suo sguardo, agitato senza riposo tra una
speranza che gli allargava l'anima e uno sconforto che
gli agghiacciava il cuore.

5　　Il quinto giorno, improvvisamente, il malato peg-
giorò.

Il medico, interrogato, scrollò il capo, come per
dire che era finita, e il ragazzo s'abbandonò sulla seggiola, rompendo in singhiozzi. Eppure una cosa lo
10 consolava. Malgrado che peggiorasse, a lui sembrava
che il malato andasse riacquistando lentamente un
poco d'intelligenza. Egli guardava il ragazzo sempre
più fissamente e con un' espressione crescente di dolcezza, non voleva più prender bevanda o medicina che
15 da lui, e sempre più spesso faceva quel movimento
forzato delle labbra, come se volesse pronunciare una
parola; e lo faceva così spiccato qualche volta, che il
figliuolo gli afferrava il braccio con violenza, sollevato
da una speranza improvvisa, e gli diceva con accento
20 quasi di gioia: — Coraggio, coraggio, tata, guarirai,
ce n'andremo, torneremo a casa con la mamma, ancora
un po' di coraggio!

Erano le quattro della sera, e allora appunto il
ragazzo s'era abbandonato a uno di quegli impeti di
25 tenerezza e di speranza, quando di là dalla porta più
vicina del camerone udì un rumore di passi, e poi una
voce forte, due sole parole: — Arrivederci, suora! —
che lo fecero balzare in piedi, con un grido strozzato
nella gola.

30　Nello stesso momento entrò nel camerone un uomo,
con un grosso involto alla mano, seguito da una suora.

Il ragazzo gettò un grido acuto e rimase inchiodato al suo posto.

L'uomo si voltò, lo guardò un momento, gittò un grido anch' egli: — Ciccillo! — e si slanciò verso di lui.

Il ragazzo cadde fra le braccia di suo padre, soffo- 5 cato.

Le suore, gl' infermieri, l'assistente accorsero, e rimasero là, pieni di stupore.

Il ragazzo non poteva raccogliere la voce.

— Oh Ciccillo mio! — esclamò il padre, dopo aver 10 fissato uno sguardo attento sul malato, baciando e ribaciando il ragazzo. — Ciccillo, figliuol mio, come va questo? T' hanno condotto al letto d'un altro. E io che mi disperavo di non vederti, dopo che mamma scrisse: l' ho mandato. Povero Ciccillo! Da quanti 15 giorni sei qui? Com' è andato questo imbroglio? Io me la son cavata con poco. Sto bene in gamba, sai! E la mamma? E Concettella? E' *u nennillo*, come vanno? Io me n'esco dall'ospedale. Andiamo dunque. O signore Iddio! Chi l'avrebbe mai detto! 20

Il ragazzo stentò a spiccicar quattro parole per dar notizia della famiglia. — Oh come sono contento! — balbettò. — Come sono contento! Che brutti giorni ho passati! — E non rifiniva di baciar suo padre.

Ma non si moveva. 25

— Vieni dunque — gli disse il padre. — Arriveremo ancora a casa stasera. Andiamo. — E lo tirò a sè.

Il ragazzo si voltò a guardare il suo malato.

— Ma.... vieni o non vieni? — gli domandò il padre, stupito. 30

Il ragazzo diede ancora uno sguardo al malato, il

quale, in quel momento, aperse gli occhi e lo guardò fissamente.

Allora gli sgorgò dall' anima un torrente di parole.

— No, tata, aspetta.... ecco.... non posso. C' è quel 5 vecchio. Da cinque giorni son qui. Mi guarda sempre. Credevo che fossi tu. Gli volevo bene. Mi guarda, io gli do da bere, mi vuol sempre accanto, ora sta molto male, abbi pazienza, non ho coraggio, non so, mi fa troppo pena, tornerò a casa domani, lasciami 10 star qui un altro po', non va mica bene che lo lasci, vedi in che maniera mi guarda, io non so chi sia, ma mi vuole, morirebbe solo, lasciami star qui, caro Tata!

— Bravo, *piccerello!* — gridò l'assistente

15 Il padre rimase perplesso, guardando il ragazzo; poi guardò il malato. — Chi è? — domandò.

— Un contadino come voi — rispose l'assistente, — venuto di fuori, entrato all'ospedale lo stesso giorno che c'entraste voi. Lo portaron qui ch'era fuor 20 di senso, e non potè dir nulla. Forse ha una famiglia lontana, dei figliuoli. Crederà che sia un dei suoi, il vostro.

Il malato guardava sempre il ragazzo.

Il padre disse a Ciccillo; — Resta.

25 — Non ha più da restar che per poco, — mormorò l'assistente.

— Resta, — ripetè il padre. — Tu hai cuore. Io vado subito a casa a levar di pena la mamma. Ecco uno scudo pei tuoi bisogni. Addio, bravo figliuolo 30 mio. A rivederci.

Lo abbracciò, lo guardò fisso, lo ribaciò in fronte, e partì.

Il ragazzo tornò accanto al letto, e l'infermo parve racconsolato. E Ciccillo ricominciò a far l'infermiere, non piangendo più, ma con la stessa premura, con la stessa pazienza di prima; ricominciò a dargli da bere, ed accomodargli le coperte, a carezzargli la mano, a 5 parlargli dolcemente, per fargli coraggio. Lo assistette tutto quel giorno, lo assistette tutta la notte, gli restò ancora accanto il giorno seguente. Ma il malato s'andava sempre aggravando; il suo viso diventava color violaceo, il suo respiro ingrossava, gli cresceva 10 l'agitazione, gli sfuggivan dalla bocca delle grida inarticolate, l'enfiagione si faceva mostruosa. Alla visita della sera, il medico disse che non avrebbe passata la notte. E allora Ciccillo raddoppiò le sue cure e non lo perdette più d'occhio un minuto. E il 15 malato lo guardava, lo guardava, e moveva ancora le labbra, tratto tratto, con un grande sforzo, come se volesse dir qualche cosa, e un'espressione di dolcezza straordinaria passava a quando a quando nei suoi occhi, che sempre più si rimpicciolivano e s'andavano 20 velando. E quella notte il ragazzo lo vegliò fin che vide bieancheggiare alle finestre il primo barlume di giorno, e comparire la suora. La suora s'avvicinò al letto, diede un'occhiata al malato e andò via a rapidi passi. Pochi momenti dopo ricomparve col medico 25 assistente e con un infermiere, che portava una lanterna.

— È all'ultimo momento, — disse il medico.

Il ragazzo afferrò la mano del malato. Questi aprì gli occhi, lo fissò, e li richiuse.   30

In quel punto parve al ragazzo di sentirsi stringere la mano. — M'ha stretta la mano! — esclamò.

Il medico rimase un momento chino sul malato, poi s'alzò. La suora staccò un crocifisso dalla parete.

— È morto! — gridò il ragazzo.

— Va, figliuolo, — disse il medico. — La tua santa opera è compiuta. Va e abbi fortuna, che la meriti. Dio ti proteggerà. Addio.

La suora, che s'era allontanata un momento, tornò con un mazzettino di viole, tolte da un bicchiere sulla finestra, e le porse al ragazzo, dicendo: — Non ho altro da darti. Tieni questo per memoria dell'ospedale.

— Grazie, — rispose il ragazzo, — pigliando il mazzetto con una mano e asciugandosi gli occhi con l'altra; — ma ho tanta strada da fare a piedi.... lo sciuperei. — E sciolto il mazzolino sparpagliò le viole sul letto, dicendo: — Le lascio per ricordo al mio povero morto. Grazie, sorella. Grazie, signor dottore.

— Poi, rivolgendosi al morto: — Addio.... — E mentre cercava un nome da dargli, gli rivenne dal cuore alle labbra il dolce nome che gli aveva dato per cinque giorni: — Addio, povero tata!

Detto questo, si mise sotto il braccio il suo involtino di panni, e a lenti passi, rotto dalla stanchezza, se n'andò. L'alba spuntava.

MARZO.

8, *mercoledì.*

Vidi una scena commovente ieri sera. Eran vari
giorni che l'erbivendola, ogni volta che passava
accanto a Derossi, lo guardava, lo guardava con una
espressione di grande affetto; perchè Derossi, dopo
che ha fatto quella scoperta del calamaio e del 5
prigioniero numero 78, ha preso a benvolere il suo
figliolo, Crossi, quello dei capelli rossi e del braccio
morto, e l'aiuta a fare il lavoro in iscuola, gli sug-
gerisce le risposte, gli dà carta, pennini, lapis: insomma, gli fa come a un fratello, quasi per compen- 10
sarlo di quella disgrazia di suo padre, che gli è toccata,
e ch' egli non sa. Eran vari giorni che l'erbivendola
guardava Derossi, e pareva gli volesse lasciar gli
occhi addosso, perchè è una buona donna che vive
tutto per il suo ragazzo; e Derossi che glie l'aiuta e 15
gli fa far bella figura, Derossi che è un signore e il
primo della scuola, le pare un re, un santo a lei. Lo
guardava sempre e pareva che volesse dirgli qualcosa,
e si vergognasse. Ma ieri mattina, finalmente, si fece
coraggio e lo fermò davanti a un portone e gli disse: 20
— Scusi tanto lei, signorino, che è così buono, che
vuol tanto bene al mio figliuolo, mi faccia la grazia

88

d' accettare questo piccolo ricordo d' una povera mamma; — e tirò fuori dalla cesta degli erbaggi una scatoletta di cartoncino bianco e dorato. Derossi arrossì tutto, é rifiutò, dicendo risolutamente: — La 5 dia al suo figliuolo; io non accetto nulla. — La donna rimase mortificata e domandò scusa, balbettando: — Non pensavo mica d'offenderlo.... non sono che caramelle. — Ma Derossi ridisse di no, scrollando il capo.

— E allora, timidamente, essa levò dalla cesta un 10 mazzetto di ravanelli, e disse: — Accetti almeno questi, che son freschi, da portarli alla sua mamma. — Derossi sorrise, e rispose; — No, grazie, non voglio nulla; farò sempre quello che posso per Crossi, ma non posso accettar nulla; grazie lo stesso. — Ma non 15 è mica offeso ? — domandò la donna, ansiosamente. Derossi le disse no, no, sorridendo, e se n'andò, mentre essa esclamava tutta contenta: — Oh che buon ragazzo! Non ho mai visto un bravo e bel ragazzo così! — E pareva finita. Ma eccoti la sera alle quattro, 20 che invece della mamma di Crossi, s' avvicina il padre, con quel viso smorto e malinconico. Fermò Derossi, e dal modo come lo guardò capii subito ch'egli sospettava che Derossi conoscesse il suo segreto; lo guardò fisso e gli disse con voce triste ed affettuosa: — 25 Lei vuol bene al mio figliuolo.... Perchè gli vuole così bene ? — Derossi si fece color di fuoco nel viso. Egli avrebbe voluto rispondere: — Gli voglio bene perchè, è stato disgraziato; perchè anche voi, suo padre, siete stato più disgraziato che colpevole, e avete 30 espiato nobilmente il vostro delitto, e siete un uomo di cuore. — Ma gli mancò l'animo di dirlo perchè, in fondo, egli provava ancora timore, e quasi ribrezzo

davanti a quell' uomo che aveva sparso il sangue
d' un altro, ed era stato sei anni in prigione. Ma quegli indovinò tutto, e abbassando la voce, disse nel-
l' orecchio a Derossi, quasi tremando: — Vuoi bene al
figliuolo; ma non vuoi mica male.... non disprezzi 5
mica il padre, non è vero? — Ah no! no! Tutto al con-
trario! — esclamò Derossi con uno slancio dell'anima.
E allora l'uomo fece un atto impetuoso come per
mettergli un braccio intorno al collo; ma non osò e
invece gli prese con due dita uno dei riccioli biondi, lo 10
allungò e lo lasciò andare; poi si mise la mano sulla
bocca e si baciò la palma guardando Derossi con gli
occhi umidi, come per dirgli che quel bacio era per
lui. Poi prese il figliuolo per mano e se n'andò a
passi lesti. 15

LA VIGILIA DEL 14 MARZO.

Oggi è stata una giornata più allegra di ieri. Tredici marzo! Vigilia della distribuzione dei premi al
teatro Vittorio Emanuele, la festa grande e bella di
tutti gli anni. Ma questa volta non sono più presi a
caso i ragazzi che debbono andar sul palcoscenico a 20
presentar gli attestati dei premi ai signori che li
distribuiscono. Il Direttore venne questa mattina al
finis, e disse: — Ragazzi, una bella notizia. Poi
chiamò: — Coraci! — il calabrese. Il calabrese s'alzò.
— Vuoi essere di quelli che portano gli attestati dei 25
premi alle Autorità, domani al teatro? — Il calabrese
rispose di sì. — Sta bene, — disse il Direttore; — così
ci sarà anche un rappresentante della Calabria. E sarà
una bella cosa. Il municipio, quest' anno, ha voluto
che i dieci o dodici ragazzi che porgono i premi siano 30

ragazzi di tutte le parti d' Italia, presi nelle varie sezioni delle scuole pubbliche. Abbiamo venti sezioni con cinque succursali: settemila alunni: in un numero così grande non si stentò a trovare un ragazzo per
5 ciascuna regione italiana. Si trovarono nella sezione Torquato Tasso due rappresentanti delle isole: un sardo e un siciliano; la scuola Boncompagni diede un piccolo fiorentino, figliuolo d'uno scultore in legno; c' è un romano, nativo di Roma, nella sezione Tom-
10 maseo; veneti, lombardi, romagnoli se ne trovarono parecchi; un napoletano ce lo dà la sezione Monviso, figliuolo d' un ufficiale; noi diamo un genovese e un calabrese; te, Coraci. Col piemontese, saranno dodici. È bello, non vi pare? Saranno i vostri fratelli di
15 tutte le parti d' Italia che vi daranno i premi. Badate: compariranno sul palcoscenico tutti e dodici insieme. Accoglieteli con un grande applauso. Sono ragazzi; ma rappresentano il paese come se fossero uomini: una piccola bandiera tricolore è simbolo dell' Italia
20 altrettanto che una grande bandiera, non è vero? Ap- plauditeli calorosamente dunque. Fate vedere che anche i vostri piccoli cuori s'accendono, che anche le vostre anime di dieci anni s'esaltano dinanzi alla santa immagine della patria. — Ciò detto, se n'andò e il mae-
25 stro disse sorridendo: — Dunque, Coraci, tu sei il deputato della Calabria. — E allora tutti batterono le mani, ridendo, e quando fummo nella strada, cir- condarono Coraci, lo presero per le gambe, lo levaron su, e cominciarono a portarlo in trionfo, gridando:
30 — Viva il deputato della Calabria! — così per chiasso, s'intende, ma non mica per ischerno, tutt'altro, anzi per fargli festa, di cuore, chè è un ragazzo che

piace a tutti; ed egli sorrideva. E lo portaron così
fino alla cantonata dove s' imbatterono in un signore
con la barba nera, che si mise a ridere. Il calabrese
disse: — È mio padre. — E allora i ragazzi gli misero
il figliuolo tra le braccia e scapparono da tutte le 5
parti.

LA DISTRIBUZIONE DEI PREMI.

14 *marzo.*

Verso le due il teatro grandissimo era affollato;
platea, galleria, palchetti, palcoscenico, tutto pieno
gremito, migliaia di visi, ragazzi, signore, maestri,
operai, donne del popolo, bambini; era un agitarsi di 10
teste e di mani, un tremolio di penne, di nastri e di
riccioli, un mormorio fitto e festoso, che metteva
allegrezza. Il teatro era tutto addobbato a festoni
di panno rosso, bianco e verde. Nella platea avevan
fatto due scalette: una a destra, per la quale i pre- 15
miati dovevan salire sul palcoscenico; l' altra a
sinistra, per cui dovevan discendere, dopo aver ricevuto il premio. Sul davanti del palco c' era una fila di
seggioloni rossi, e dalla spalliera di quel di mezzo
pendeva una coroncina d' alloro; in fondo al palco, un 20
trofeo di bandiere; da una parte un tavolino verde,
con su tutti gli attestati di premio legati coi nastrini
tricolori. La banda musicale stava in platea sotto il
palco; i maestri e le maestre riempivano tutta una
metà della prima galleria, che era stata riserbata a 25
loro; i banchi e le corsie della platea erano stipati di
centinaia di ragazzi, che dovevan cantare, e avevan la
musica scritta tra le mani. In fondo e tutto intorno
si vedevano andare e venire maestri e maestre che

mettevano in fila i premiati, e c'era pieno di
parenti che davan loro l' ultima ravviata ai capelli
e l' ultimo tocco alle cravattine

Appena entrato coi miei nel palchetto, vidi in un
5 palchetto di fronte la maestrina della penna rossa,
che rideva, con le sue belle pozzette nelle guancie, e
con lei la maestra di mio fratello, e la " monachina„
tutta vestita di nero, e la mia buona maestra di prima
superiore; ma così pallida, poveretta, e tossiva così
10 forte, che si sentiva da una parte all'altra del teatro.
In platea trovai subito quel caro faccione di Garrone
e il piccolo capo biondo di Nelli, che stava stretto
contro la sua spalla. Un po' più in là vidi Garoffi,
col suo naso a becco di civetta, che si dava un gran
15 moto per raccogliere gli elenchi stampati dei premiandi, e n' aveva già un grosso fascio, per farne qualche
suo traffico.... che sapremo domani. Vicino alla porta
c'era il venditor di legna con sua moglie, vestiti a
festa, insieme al loro ragazzo, che ha un terzo premio
20 di seconda; rimasi stupito a non vedergli più il berretto di pelle di gatto e la maglia color cioccolata:
questa volta era vestito come un signorino. In una
galleria vidi per un momento Votini, con un gran
colletto di trina, poi disparve. C'era in un palchetto
25 del proscenio, pieno di gente, il capitano d'artiglieria,
il padre di Robetti, quello delle stampelle, che salvò
un bambino dall'omnibus.

Allo scoccar delle due la banda sonò, e salirono
nello stesso tempo per la scaletta di destra il sindaco,
30 il prefetto, l'assessore, il provveditore, e molti altri
signori, tutti vestiti di nero, che s'andarono a sedere
sui seggioloni rossi sul davanti del palcoscenisco. La

banda cessò di suonare. S'avanzò il direttore delle scuole di canto con una bacchetta in mano. A un suo cenno, tutti i ragazzi della platea s'alzarono in piedi: a un altro cenno, cominciarono a cantare. Erano settecento che cantavano una canzone bellissima, settecento voci di ragazzi che cantano insieme, com'è bello! Tutti ascoltavano, immobili: era un canto dolce, limpido, lento, che pareva un canto di chiesa. Quando tacquero, tutti applaudirono: poi tutti zitti. La distribuzione dei premi stava per cominciare. Già s'era fatto innanzi sul palco il mio piccolo maestro di seconda, col suo capo rosso e i suoi occhi vispi, che doveva leggere i nomi dei premiati. S'aspettava che entrassero i dodici ragazzi per porgere gli attestati. I giornali l'avevan già detto che sarebbero stati ragazzi di tutte le provincie d'Italia. Tutti lo sapevano e li aspettavano, guardando curiosamente dalla parte d'onde dovevano entrare, anche il sindaco, e gli altri signori, e il teatro intero taceva....

Tutt'a un tratto arrivarono di corsa fin sul proscenio e rimasero schierati lì, tutti e dodici, sorridenti. Tutto il teatro, tremila persone, saltaron su, d'un colpo, prorompendo in un applauso che parve uno scoppio di tuono. I ragazzi restarono un momento come sconcertati. — Ecco l'Italia! — disse una voce sul palco. Riconobbi subito Coraci, il calabrese, vestito di nero, come sempre Un signore del municipio, ch'era con noi, e li conosceva tutti, li indicava a mia madre: Quel piccolo biondo è il rappresentante di Venezia. Il romano è quello alto e ricciuto. — Ce n'eran due o tre vestiti da signori, gli altri eran figliuoli d'operai, ma tutti messi bene e puliti. Il fior

ıentino ch' era il più piccolo, aveva una sciarpa azzurra
intorno alla vita.   Passarono tutti davanti al sindaco,
che li baciò in fronte uno per uno, mentre un signore
accanto a lui gli diceva piano e sorridendo i nomi
5 delle città: — Firenze, Napoli, Bologna, Palermo....
— e a ognuno che passava tutto il teatro batteva le
mani.   Poi corsero tutti al tavolino verde a pigliar
gli attestati, il maestro cominciò a leggere l' elenco,
dicendo le sezioni, le classi e i nomi, e i premiandi
10 principiarono a salire e a sfilare.

Erano appena saliti i primi, quando si sentì di dietro
alla scena una musica leggiera leggiera di violini, che
non cessò più per tutta la durata dello sfilamento,
un'aria gentile e sempre eguale, che pareva un mor-
15 morìo di molte voci sommesse, le voci di tutte le
madri e di tutti i maestri e le maestre, che tutti insieme dessero dei consigli e pregassero e facessero dei
rimproveri amorevoli.   E intanto i premiati passavano l'un dopo l'altro davanti a quei signori seduti,
20 che porgevano gli attestati, e a ciascuno dicevano una
parola o facevano una carezza.   Dalla platea e dalle
gallerie i ragazzi applaudivano ogni volta che passava
uno molto piccolo, o uno che dai vestiti paresse povero,
e anche quelli che avevan delle gran capigliature
25 ricciolute o eran vestiti di rosso o di bianco.   Ne
passavano di quelli di prima superiore che, arrivati là,
si confondevano e non sapevano più dove voltarsi, e
tutto il teatro rideva.   Ne passò uno alto tre palmi,
con un gran nodo di nastro rosa sulla schiena, che a
30 mala pena camminava, e incespicò nel tappeto, cadde,
il Prefetto lo rimise in piedi, e tutti risero e batteron
le mani.   Un altro ruzzolò giù per la scaletta, ridis-

cendendo in platea; si sentiron delle grida; ma non
s'era fatto male. Ne passaron d'ogni sorta, dei visi
di birichini, dei visi di spaventati, di quelli rossi in
viso come ciliegie, dei piccini buffi, che ridevano in
faccia a tutti quanti; e appena ridiscesi in platea, 5
erano acchiappati dai babbi e dalle mamme che se li
portavano via. Quando venne la volta della nostra
sezione, allora sì che mi divertii! Passarono molti che
conoscevo. Passò Coretti, vestito di nuovo da capo a
piedi, col suo bel sorriso allegro, che mostrava tutti 10
i denti bianchi: eppure chi sa quanti miriagrammi di
legna aveva già portati la mattina! Il Sindaco, nel
dargli l'attestato, gli domandò che cos'era un segno
rosso che aveva sulla fronte, e intanto gli teneva una
mano sopra una spalla: io cercai in platea suo padre 15
e sua madre, e vidi che ridevano, coprendosi la bocca
con una mano. Poi passò Derossi, tutto vestito di
turchino, coi bottoni luccicanti, con tutti quei riccioli
d'oro, svelto, disinvolto, con la fronte alta, così bello,
così simpatico, che gli avrei mandato un bacio, e tutti 20
quei signori gli vollero parlare e stringer le mani. Poi
il maestro gridò: — Giulio Robetti! — e si vide venire
innanzi il figliuolo del capitano d'artiglieria, con le
stampelle. Centinaia di ragazzi sapevano il fatto, la
voce si sparse in un attimo, scoppiò una salva d'ap- 25
plausi e di grida che fece tremare il teatro, gli uomini
s'alzarono in piedi, le signore si misero a sventolare i
fazzoletti, e il povero ragazzo si fermò in mezzo al
palcoscenico, sbalordito e tremante.... Il Sindaco lo
tirò a sè, gli diede il premio e un bacio, e staccata 30
dalla spalliera del seggiolone la coroncina d'alloro
che v'era appesa, gliel' infilò nella traversina d'una

stampella.... Poi lo accompagnò fino al palchetto del proscenio, dov'era il capitano suo padre, e questi lo sollevò di peso e lo mise dentro, in mezzo a un gridìo indicibile di *bravo* e d'*evviva*. E intanto continuava 5 quella musica leggiera e gentile di violini, e i ragazzi seguitavano a passare: quelli della Sezione della Consolata, quasi tutti figli di mercatini, quelli della y Sezione di Vanchiglia, figliuoli d'operari; quelli della Sezione Boncompagni, di cui molti son figliuoli di 10 contadini; quelli della scuola Rayneri, che fu l'ultima.   Appena finito, i settecento ragazzi della platea cantarono un'altra canzone bellissima; poi parlò il Sindaco, e dopo di lui l'assessore, che terminò il suo discorso dicendo ai ragazzi: —... Ma non uscite di 15 qui senza mandare un saluto a quelli che faticano tanto per voi, che hanno consacrate a voi tutte le forze della loro intelligenza e del loro cuore, che vivono e muoiono per voi.   Eccoli là! — E segnò la galleria dei maestri.   E allora dalle gallerie, dai palchi, dalla 20 platea tutti i ragazzi s'alzarono e tesero le braccia gridando verso le maestre e i maestri, i quali risposero agitando le mani, i cappelli, i fazzoletti, tutti ritti in piedi e commossi.   Dopo di che la banda sonò ancora una volta e il pubblico mandò un ultimo saluto frago-25 roso ai dodici ragazzi di tutte le provincie d'Italia, che si presentarono al proscenio schierati, con le mani intrecciate, sotto una pioggia di mazzetti di fiori.

SANGUE ROMAGNOLO.

(Racconto mensile.)

Quella sera la casa di Ferruccio era più quieta del solito. Il padre, che teneva una piccola bottega di merciaiolo, era andato a Forlì a far delle compere, e sua moglie l'aveva accompagnato con Luigina, una bimba, per portarla da un medico, che doveva operarle 5 un occhio malato; e non dovevano ritornare che la mattina dopo. Mancava poco alla mezzanotte. La donna che veniva a far dei servizi di giorno se n'era andata sull'imbrunire. In casa non rimaneva che la nonna, paralitica delle gambe, e Ferruccio, un ragazzo 10 di tredici anni. Era una casetta col solo piano terreno, posta sullo stradone, a un tiro di fucile da un villaggio, poco lontano da Forlì, città di Romagna; e non aveva accanto che una casa disabitata, rovinata due mesi innanzi da un incendio, sulla quale si vedeva 15 ancora l'insegna d'un'osteria. Dietro la casetta c'era un piccolo orto circondato da una˙ siepe, sul quale dava una porticina rustica; la porta della bottega, che serviva anche di porta di casa, s'apriva sullo stradone. Tutt' intorno si stendeva la campagna 20 solitaria, vasti campi lavorati, piantati di gelsi.

Mancava poco alla mezzanotte, pioveva, tirava vento. Ferruccio e la nonna, ancora levati, stavano nella stanza da mangiare, tra la quale e l'orto c'era uno stanzino ingombro di mobili vecchi. Ferruccio 25 non era rientrato in casa che alle undici, dopo una scappata di molte ore, e la nonna l'aveva aspettato a occhi aperti, piena d'ansietà, inchiodata sopra un

largo seggiolone a bracciuoli, sul quale soleva passar
tutta la giornata, e spesso anche l'intera notte, poichè
un'oppressione di respiro non la lasciava star cori-
cata.

5 Pioveva e il vento sbatteva la pioggia contro le
vetrate: la notte era oscurissima. Ferruccio era
rientrato stanco, infangato, con la giacchetta lacera, e
col livido d'una sassata sulla fronte; aveva fatto la
sassaiola coi compagni, eran venuti alle mani, secondo
10 il solito; e per giunta aveva giocato e perduto tutti i
suoi soldi, e lasciato il berretto in un fòsso.

Benchè la cucina non fosse rischiarata che da una
piccola lucerna a olio, posta sull'angolo d'un tavolo,
accanto al seggiolone, pure la povera nonna aveva
15 visto subito in che stato miserando si trovava il nipote,
e in parte aveva indovinato, in parte gli aveva fatto
confessare le sue scapestrerie.

Essa amava con tutta l'anima quel ragazzo. Quando
seppe ogni cosa, si mise a piangere.

20 — Ah! no, — disse poi, dopo un lungo silenzio; —
tu non hai cuore per la tua povera nonna. Non hai
cuore a profittare in codesto modo dell'assenza di tuo
padre e di tua madre per darmi dei dolori. Tutto il
giorno m'hai lasciata sola! Non hai avuto un po' di
25 compassione. Bada, Ferruccio! Tu ti metti per una
cattiva strada che ti condurrà a una trista fine. Ne
ho visti degli altri cominciar come te e andar a finir
male. Si comincia a scappar di casa, a attaccar lite
cogli altri ragazzi, a perdere i soldi; poi, a poco a
30 poco, dalle sassate si passa alle coltellate, dal gioco
agli altri vizi, e dai vizi.... al furto.

Ferruccio stava a ascoltare, ritto a tre passi di dis-

tanza, appoggiato a una dispènsa, col ménto sul pètto,
con le sopracciglia aggrottate, ancora tutto caldo dell'
ira della rissa. Aveva una ciocca di bei capelli cas-
tagni a traverso alla fronte e gli occhi azzurri immobili. 5

— Dal gioco al furto, — ripetè la nonna, continuando a piangere. — Pensaci, Ferruccio. Pensa a
quel malanno qui del paese, a quel Vito Mozzoni, che
ora è in città a fare il vagabondo; che a ventiquattr'-
anni è stato due volte in prigione, e ha fatto morir 10
di crepacuore quella povera donna di sua madre, che
io conoscevo, e suo padre è fuggito in Svizzera per
disperazione. Pensa a quel tristo soggetto, che tuo
padre si vergogna di rendergli il saluto, sempre in
giro con dei scellerati peggio di lui, fino al giorno che 15
cascherà in galera. Ebbene, io l' ho conosciuto
ragazzo, ha cominciato come te. Pensa che ridurrai
tuo padre e tua madre a far la stessa fine dei suoi. —

Ferruccio taceva. Egli non era mica tristo di
cuore, tutt'altro; la sua scapestrataggine derivava 20
piuttosto da sovrabbondanza di vita e d' audacia che
da mal animo; e suo padre l'aveva avvezzato male appunto per questo, che ritenendolo capace, in fondo,
dei sentimenti più belli, ed anche, messo a una prova,
d'un'azione forte e generosa, gli lasciava la briglia sul 25
collo e aspettava che mettesse giudizio da sè. Buono
era, piuttosto che tristo; ma caparbio, e difficile
molto, anche quando aveva il cuore stretto dal pentimento, a lasciarsi sfuggire dalla bocca quelle buone
parole che ci fanno perdonare: — Sì, ho torto, non lo 30
farò più, te lo prometto, perdonami. — Aveva l'anima

piena di tenerezza alle volte; ma l'orgoglio non la lasciava uscire.

— Ah Ferruccio! — continuò la nonna, vedendolo così muto. — Non una parola di pentimento mi dici! Tu vedi in che stato mi sono ridotta, che mi potrebbero sotterrare. Non dovresti aver cuore di farmi soffrire, di far piangere la mamma della tua mamma, così vecchia, vicina al suo ultimo giorno; la tua povera nonna, che t'ha sempre voluto tante bene; che ti cullava per notti e notti intere quand'eri bimbo di pochi mesi, e che non mangiava per baloccarti, tu non lo sai! Io dicevo sempre: — Questo sarà la mia consolazione! — E ora tu mi fai morire! Io darei volentieri questo po' di vita che mi resta, per vederti tornar buono, obbediente come a quei giorni.... quando ti conducevo al Santuario, ti ricordi, Ferruccio? che mi empivi le tasche di sassolini e d'erbe, e io ti riportavo a casa in braccio, addormentato? Allora volevi bene alla tua povera nonna. E ora che sono paralitica e che avrei bisogno della tua affezione come dell'aria per respirare, perchè non ho più altro al mondo, povera donna mezza morta che sono, Dio mio!....

Ferruccio stava per lanciarsi verso la nonna, vinto dalla commozione, quando gli parve di sentire un rumor leggiero, uno scricchiolìo nello stanzino accanto, quello che dava sull' orto. Ma non capì se fossero le imposte scosse dal vento, o altro.

Tese l'orecchio.

La pioggia scrosciava.

Il rumore si ripetè. La nonna lo sentì pure.

— Cos' è ? - domandò la nonna dopo un momento, turbata.

— La pioggia, — mormorò il ragazzo.

— Dunque, Ferruccio, — disse la vecchia, asciugandosi gli occhi, — me lo prometti che sarai buono, 5 che non farai mai più piangere la tua povera nonna....

Un nuovo rumor leggiero la interruppe.

— Ma non mi pare la pioggia! — esclamò, impallidendo — ... va a vedere! 10

Ma soggiunse subito: — No, resta qui! — e afferrò Ferruccio per la mano.

Rimasero tutti e due col respiro sospeso. Non sentivan che il rumore dell'acqua.

Poi tutti e due ebbero un brivido. 15

All'uno e all'altra era parso di sentire uno stropiccìo di piedi nello stanzino.

— Chi c' è ? — domandò il ragazzo, raccogliendo il fiato a fatica.

Nessuno rispose. 20

— Chi c' è ? — ridomandò Ferruccio, agghiacciato dalla paura.

Ma aveva appena pronunciato quelle parole, che tutt' e due gettarono un grido di terrore. Due uomini erano balzati nella stanza; l'uno afferrò il ra- 25 gazzo e gli cacciò una mano sulla bocca; l' altro strinse la vecchia alla gola; il primo disse: — Zitto, se non vuoi morire! — il secondo: — Taci! — e levò un coltello. L' uno e l' altro avevano una pezzuola scura sul viso, con due buchi davanti agli occhi. 30

Per un momento non si sentì altro che il respiro affannoso di tutti e quattro e lo scrosciar della piog-

gia; la vecchia metteva dei rantoli fitti, e aveva gli
occhi fuor del capo.

Quello che teneva il ragazzo, gli disse nell'orecchio:
- - Dove tiene i danari tuo padre?

5 Il ragazzo rispose con un fil di voce, battendo i
denti: — Di là.... nell'armadio.

— Vieni con me, — disse l'uomo.

E lo trascinò nello stanzino, tenendolo stretto alla
gola. Là c'era una lanterna cieca, sul pavimento.

10 — Dov' è l'armadio? — domandò.

Il ragazzo, soffocato, accennò l'armadio.

Allora, per esser sicuro del ragazzo, l'uomo lo gittò
in ginocchio, davanti all'armadio, e serrandogli forte
il collo fra le proprie gambe, in modo da poterlo
15 strozzare se urlava, e tenendo il coltello fra i denti e
la lanterna da una mano, cavò di tasca con l' altra un
ferro acuminato, lo ficcò nella serratura, frugò, ruppe,
spalancò i battenti, rimescolò in furia ogni cosa,
s' empì le tasche, richiuse, tornò ad aprire, rifrugò:
20 poi riafferrò il ragazzo alla strozza, e lo risospinse di là,
dove l'altro teneva ancora agguantata la vecchia, convulsa, col capo arrovesciato e la bocca aperta.

Costui domandò a bassa voce: — Trovato?

Il compagno rispose: — Trovato.

25 E soggiunse: — Guarda all'uscio.

Quello che teneva la vecchia corse alla porta del-
l'orto a vedere se c'era nessuno, e disse dallo stanzino, con una voce che parve un fischio: — Vieni.

Quello che era rimasto, e che teneva ancora Fer-
30 ruccio, mostrò il coltello al ragazzo e alla vecchia che
riapriva gli occhi, e disse: — Non una voce, o torno
indietro e vi sgózzo!

E li fissò un momento tutti e due.

In quel punto si sentì lontano, per lo stradone, un canto di molte voci.

Il ladro voltò rapidamente il capo verso l'uscio, e in quel moto violento gli cadde la pezzuola dal viso.

La vecchia gettò un urlo: — Mozzoni!

— Maledetta! — ruggì il ladro, riconosciuto. — Devi morire!

E si avventò a coltello alzato contro la vecchia, che svenne sull'atto.

L'assassino menò il colpo.

Ma con un movimento rapidissimo, gettando un grido disperato, Ferruccio s'era lanciato sulla nonna, e l'aveva coperta col proprio corpo. L'assassino fuggì urtando il tavolo e rovesciando il lume, che si spense.

Il ragazzo scivolò lentamente di sopra alla nonna, e cadde in ginocchio, e rimase in quell'attegiamento, con le braccia intorno alla vita di lei e il capo sul suo seno.

Qualche momento passò; era buio fitto; il canto dei contadini s'andava allontanando per la campagna. La vecchia rinvenne.

— Ferruccio! — chiamò con voce appena intelligibile, battendo i denti.

— Nonna, — rispose il ragazzo.

La vecchia fece uno sforzo per parlare: ma il terrore le paralizzava la lingua.

Stette un pezzo in silenzio, tremando violentemente.

Poi riuscì a domandare:

— Non ci son più?

— No.

— Non m'hanno uccisa, — mormorò la vecchia con voce soffocata.

— No.... siete salva, — disse Ferruccio, con voce fioca. — Siete salva, cara nonna. Hanno portato via 5 dei denari. Ma il babbo.. aveva preso quasi tutto con sè.

La nonna mise un respiro.

— Nonna, — disse Ferruccio, sempre in ginocchio, stringendola alla vita, — cara nonna.... mi volete 10 bene, non è vero?

— Oh Ferruccio! povero figliuol mio! — rispose quella, mettendogli le mani sul capo; — che spavento devi aver avuto! O Signore Iddio misericordioso! Accendi un po' il lume.... No, restiamo al buio, ho 15 ancora paura.

— Nonna, — riprese il ragazzo, — io v'ho sempre dato dei dispiaceri....

— No, Ferruccio, non dir queste cose; io non ci penso più, ho scordato tutto, ti voglio tanto bene!

20 — V'ho sempre dato dei dispiaceri, — continuò Ferruccio, a stento, con la voce tremola; — ma.... vi ho sempre voluto bene. Mi perdonate?.. Perdonatemi, nonna.

— Sì, figliuolo, ti perdono, ti perdono con tutto il 25 cuore. Pensa un po' si non ti perdono. Levati d'in ginocchio, bambino mio. Non ti sgriderò mai più. Sei buono, sei tanto buono! Accendiamo il lume. Facciamoci un po' di coraggio. Alzati, Ferruccio.

— Grazie, nonna, — disse il ragazzo, con la voce 30 sempre più debole. — Ora.... sono contento. Vi ricorderete di me, nonna.... non è vero? vi ricorderete sempre di me.... del vostro Ferruccio.

— Ferruccio mio! — esclamò la nonna, stupita e inquieta, mettendogli le mani sulle spalle e chinando il capo, come per guardarlo nel viso.

— Ricordatevi di me, — mormorò ancora il ragazzo con una voce che pareva un soffio. — Date un bacio a mia madre.... a mio padre.... a Luigina.... Addio, nonna....

— In nome del cielo, cos'hai! — gridò la vecchia palpando affannosamente il capo del ragazzo che le si era abbandonato sulle ginocchia; e poi con quanta voce avea in gola, disperatamente: — Ferruccio! Ferruccio! Ferruccio! Bambino mio! Amor mio! Angeli del paradiso, aiutatemi!

Ma Ferruccio non rispose più. Il piccolo eroe, il salvatore della madre di sua madre, colpito d'una coltellata nel dorso, aveva reso la bella e ardita anima a Dio.

APRILE.

PRIMAVERA.

Primo d'aprile! Tre soli mesi ancora. Questa è
stata una delle più belle mattinate dell'anno. Io ero
contento, nella scuola, perchè Coretti m'aveva detto
d'andar dopo domani a veder arrivare il Re, insieme
5 con suo padre *che lo conosce;* e perchè mia madre
m'avea promesso di condurmi lo stesso giorno a visitar
l'Asilo infantile di Corso Valdocco. Anche ero contento perchè il "muratorino„ sta meglio, e perchè ieri
sera, passando, il maestro disse a mio padre: — Va
10 bene, va bene. — E poi era una bella mattinata di
primavera. Dalle finestre della scuola si vedeva il
cielo azzurro, gli alberi del giardino tutti coperti di
germogli, e le finestre delle case spalancate, colle cas-
sette e i vasi già verdeggianti. Il maestro non rideva,
15 perchè non ride mai, ma era di buon umore, tanto che
non gli appariva quasi più quella ruga diritta in
mezzo alla fronte; e spiegava un problema sulla lavagna, celiando. E si vedeva che provava piacere a re-
spirar l'aria del giardino che veniva per le finestre
20 aperte, piena d'un buon odor fresco di terra e di foglie, che faceva pensare alle passeggiate in campagna.
Mentre egli spiegava, si sentiva in una strada vicina

102

un fabbro ferraio che batteva sull'incudine, e nella casa di faccia una donna che cantava per addormentare il bambino: lontano, nella caserma della Cernaia, sonavano le trombe. Tutti parevano contenti, persino Stardi. A un certo momento il fabbro si mise a picchiar più forte, la donna a cantar più alto. Il maestro s'interruppe e prestò l'orecchio. Poi disse lentamente, guardando per la finestra: — Il cielo che sorride, una madre che canta, un galantuomo che lavora, dei ragazzi che studiano.... ecco dello cose belle. — Quando uscimmo dalla classe, vedemmo che anche tutti gli altri erano allegri; tutti camminavano in fila pestando i piedi forte e canticchiando, come alla vigilia d'una vacanza di quattro giorni; le maestre scherzavano; quella della penna rossa saltellava dietro i suoi bimbi come una scolaretta; i parenti dei ragazzi discorrevano fra loro ridendo, e la madre di Crossi, l'erbaiola, ci aveva nelle ceste tanti mazzi di violette, che empivano di profumo tutto il camerone. Io non sentii mai tanta contentezza come questa mattina a veder mia madre che mi aspettava nella strada. E glielo dissi andandole incontro: — Sono contento: cos'è mai che mi fa così contento questa mattina? — E mia madre mi rispose sorridendo che era la bella stagione e la buona coscienza.

RE UMBERTO.

3, *lunedì*.

Alle dieci in punto mio padre vide dalla finestra Coretti, il rivenditore di legna, e il figliuolo, che m'aspettavano sulla piazza, e mi disse: — Eccoli, Enrico: va a vedere il tuo re.

Io andai giù lesto come un razzo. Padre e figliuolo erano anche più vispi del solito e non mi parve mai che si somigliassero tanto l'uno all'altro come questa mattina: il padre aveva alla giacchetta la medaglia al valore in mezzo alle due commemorative, e i baffetti arricciati e aguzzi come due spilli.

Ci mettemmo subito in cammino verso la stazione della strada ferrata, dove il re doveva arrivare alle dieci e mezzo. Corretti padre fumava la pipa e si fregava le mani. — Sapete, — diceva, — che non l'ho più visto dalla guerra del sessantasei? La bagatella di quindici anni e sei mesi. Prima tre anni in Francia, poi a Mondovi, e qui che l'avrei potuto vedere, non s'è dato mai il maledetto caso che mi trovassi in città quando egli veniva. Quando si dice le combinazioni!

Egli chiamava il re: — Umberto — come un camerata. — Umberto comandava la 16ª divisione, Umberto aveva ventidue anni e tanti giorni, Umberto montava un cavallo così e così.

— Quindici anni! — diceva forte, allungando il passo. — Ho proprio desiderio di rivederlo. L'ho lasciato principe, lo rivedo re. E anch'io ho cambiato: son passato da soldato a rivenditor di legna. — E rideva.

Il figliolo gli domandò: — Se vi vedesse, vi riconoscerebbe?

Egli si mise a ridere.

— Tu sei matto, — rispose. — Ci vorrebbe altro. Lui, Umberto, era uno solo; noi eravamo come le mosche. E poi sì che ci stette a guardare uno per uno.

Sboccammo sul corso Vittorio Emanuele; c' era molta gente che s' avviava alla stazione. Passava una compagnia d'Alpini, con le trombe. Passarono due carabinieri a cavallo, di galoppo. Era un sereno che smagliava.

— Sì! — esclamò Coretti padre, animandosi; — mi fa proprio piacere di rivederlo, il mio generale di divisione. Ah! come sono invecchiato presto! Mi pare l' altro giorno che avevo lo zaino sulle spalle e il fucile tra le mani in mezzo a quel tramestìo, la mattina del 24 giugno, quando s' era per venire ai ferri. Umberto andava e veniva coi suoi ufficiali, mentre tonava il cannone, lontano; e tutti lo guardavano e dicevano: — Purchè non ci sia una palla anche per lui! — Ero a mille miglia dal pensare che di lì a poco me gli sarei trovato tanto vicino, davanti alle lance degli ulani austriaci; ma proprio a quattro passi l'un dall' altro, figlioli. Era una bella giornata, il cielo come uno specchio; ma un caldo! Vediamo se si può entrare.

Eravamo arrivati alla stazione; c' era una gran folla, carrozze, guardie, carabinieri, società con bandiere. La banda d' un reggimento suonava. Coretti padre tentò di entrare sotto il porticato; ma gli fu impedito. Allora pensò di cacciarsi in prima fila nella folla che facea ala all' uscita, e aprendosi il passo còi gomiti, riuscì a spingere innanzi anche noi. Ma la folla, ondeggiando, ci sbalzava un po' di qua e un po' di là. Il venditor di legna adocchiava il primo pilastro del porticato, dove le guardie non lasciavano stare nessuno. — Venite con me, — disse a un tratto, e tirandoci per le mani, attraversò in due salti lo spazio vuoto e s'andò a piantar là, con le spalle al muro.

Accorse subito un brigadiere di Polizia e gli disse: — Qui non si può stare.

5 — Son del quarto battaglione del 49, — rispose Coretti, toccandosi la medaglia.

Il brigadiere lo guardò e disse: — Restate.

— Ma se lo dico io! — esclamò Coretti trionfante; — è una parola magica quel *quarto del quarantanove!* 10 Non ho diritto di vederlo un po' a mio comodo il mio generale, io che son stato nel quadrato! Se l' ho visto da vicino allora, mi par giusto di vederlo da vicino adesso. E dico generale! È stato mio comandante di battaglione, per una buona mezz'ora, 15 perchè in quei momenti lo comandava lui il battaglione, mentre c'era in mezzo, e non il maggiore Ubrich, sagrestia!

Intanto si vedeva nel salone dell' arrivo e fuori un gran rimescolio di signori e d'ufficiali, e davanti alla 20 porta si schieravano le carrozze, coi servitori vestiti di rosso.

Coretti domandò a suo padre se il principe Umberto aveva la sciabola in mano quand'era nel quadrato.

25 — Avrà ben avuto la sciabola in mano, — rispose, — per parare una lanciata, che poteva toccare a lui come a un altro. Ah! i demoni scatenati! Ci vennero addosso come l'ira di Dio, ci vennero. Giravano tra i gruppi, i quadrati, i cannoni, che parevan 30 mulinati da un uragano, sfondando ogni cosa. Era una confusione di cavalleggeri d' Alessandria, di lancieri di Foggia, di fanteria, di ulani, di bersagli-

eri, un inferno che non se ne capiva più niente. Io
intesi gridare: — Altezza ! Altezza ! — vidi venir le
lancie calate, scaricammo i fucili, un nuvolo di polvere
nascose tutto.... Poi la polvere si diradò.... La terra
era coperta di cavalli e di ulani feriti e morti. Io mi 5
voltai indietro, e vidi in mezzo a noi Umberto a cavallo, che guardava intorno, tranquillo, con l' aria di
domandare: — C' è nessuno graffiato dei miei ragazzi?
— E noi gli gridammo: — Evviva ! — sulla faccia,
come matti. Sacro dio che momento !.... Ecco il 10
treno che arriva.

La banda suonò, gli ufficiali accorsero, la folla
s'alzò in punta di piedi.

— Eh, non esce mica subito, — disse una guardia;
— ora gli fanno un discorso. 15

Coretti padre non stava più nella pelle. — Ah !
quando ci penso, — disse, — io lo vedo sempre là.
Sta bene i colerosi e i terremoti e che so altro: anche
là è stato bravo; ma io l' ho sempre in mente come
l' ho visto allora, in mezzo a noi, con quella faccia 20
tranquilla. E son sicuro che se ne ricorda anche lui
del quarto del 49, anche adesso che è re, e che gli
farebbe piacere di averci una volta a tavola tutti
insieme, quelli che s' è visto intorno in quei momenti.
Adesso ci ha generali e signoroni e galloni; allora non 25
ci aveva che dei poveri soldati. Se ci potessi un po'
barattare quattro parole, a quattr'occhi ! Il nostro
generale di ventidue anni, il nostro principe, che era
affidato alle nostre baionette.... Quindici anni che non
lo vedo.... Il nostro Umberto, va. Ah ! questa musica 30
mi rimescola il sangue, parola d'onore.

Uno scoppio di grida l' interruppe, migliaia di

cappelli s' alzarono in aria, quattro signori vestiti di nero salirono nella prima carrozza.

— È lui ! — gridò Coretti, e rimase come incantato.

Poi disse piano: — Madonna mia, come s' è fatto 5 grigio !

Tutti e tre ci scoprimmo il capo: la carrozza veniva innanzi lentamente, in mezzo alla folla che gridava e agitava i cappelli. Io guardai Coretti padre. Mi parve un altro: pareva diventato più 10 alto, serio, un po' pallido, ritto appiccicato contro il pilastro.

La carrozza arrivò davanti a noi, a un passo dal pilastro. — Evviva ! — gridarono molte voci.

— Evviva ! — gridò Coretti, dopo gli altri.

15 Il re lo guardò in viso e arrestò un momento lo sguardo sulle tre medaglie.

Allora Coretti perdè la testa e urlò: — Quarto battaglione del quarantanove !

Il re, che s' era già voltato da un' altra parte, si 20 rivoltò verso di noi, e fissando Coretti negli occhi, stese la mano fuor della carrozza.

Coretti fece un salto avanti e glie la strinse. La carrozza passò, la folla irruppe e ci divise, perdemmo di vista Coretti padre. Ma fu un momento. Subito 25 lo ritrovammo, ansante, con gli occhi umidi, che chiamava per nome il figliuolo, tenendo la mano in alto. Il figliuolo si slanciò verso di lui, ed egli gridò: — Qua, piccino, che ho ancora calda la mano !

— e gli passò la mano intorno al viso, dicendo: — 30 Questa è una carezza del re.

E rimase lì come trasognato, con gli occhi fissi sulla carrozza lontana, sorridendo, con la pipa tra

le mani, in mezzo a un gruppo di curiosi che lo
guardavano. — È uno del quadrato del 49, — dicevano. — È un soldato che conosce il re. — È il
re che l' ha riconosciuto. — È lui che gli ha teso
la mano. — Ha dato una supplica al re; — disse uno 5
più forte.

— No, — rispose Coretti, voltandosi bruscamente;
— non gli ho dato nessuna supplica, io. Un' altra
cosa gli darei, se me la domandasse.... —

Tutti lo guardarono. 10

Ed egli disse semplicemente: — Il mio sangue.

IL MAESTRO DI MIO PADRE.

11, *martedì.*

Che bella gita feci ieri con mio padre! Ecco come.
Ieri l' altro, a desinare, leggendo il giornale, mio padre
uscì tutt' a un tratto in una esclamazione di meraviglia. Poi disse: — E io che lo credevo morto da vent'- 15
anni! Sapete che è ancora vivo il mio primo maestro
elementare, Vincenzo Crosetti, che ha ottantaquattro
anni? Vedo qui che il Ministero gli ha data la medaglia di benemerenza per sessant' anni d' insegnamento, Ses-san-t'anni, capite? E non son che due 20
anni che ha smesso di far scuola. Povero Crosetti!
Sta a un' ora di strada ferrata di qui, a Condove, nel
paese della nostra antica giardiniera della villa di
Chieri. — E soggiunse: — Enrico, noi andremo a vederlo. — E per tutta la sera non parlò più che di lui. 25
Il nome del suo maestro elementare gli richiamava
alla memoria mille cose di quand' era ragazzo, dei
suoi primi compagni, della sua mamma morta. — Cro-

setti! — esclamava. — Aveva quarant'anni quando ero con lui. Mi pare ancor di vederlo. Un ometto già un po' curvo, cogli occhi chiari, col viso sempre sbarbato. Severo, ma di buone maniere, che ci voleva 5 bene come un padre e non ce ne perdonava una. Era venuto su da contadino, a furia di studio e di privazioni. Un galantuomo. Mia madre gli era affezionata e mio padre lo trattava come un amico. Com' è andato a finire a Condove, da Torino? Non mi rico- 10 noscerà più, certamente. Non importa, io riconoscerò lui. Quarantaquattro anni son passati! Quarantaquattro anni, Enrico, andremo a vederlo domani. —

E ieri mattina alle nove eravamo alla stazione della 15 strada ferrata di Susa. Io avrei voluto che venisse anche Garrone; ma egli non potè perchè ha la mamma malata. Era una bella giornata di primavera. Il treno correva fra i prati verdi e le siepi in fiore, e si sentiva un'aria odorosa. Mio padre era contento, e 20 ogni tanto mi metteva un braccio intorno al collo, e mi parlava come a un amico, guardando la campagna. — Povero Crosetti! — diceva. — È lui il primo uomo che mi volle bene e mi fece del bene dopo mio padre. Non li ho mai più dimenticati certi suoi buoni con- 25 sigli, e anche certi rimproveri secchi, che mi facevan tornare a casa con la gola stretta. Aveva certe mani grosse e corte. Lo vedo ancora quando entrava nella scuola, che metteva la canna in un canto e appendeva il mantello all'attaccapanni, sempre con quello stesso 30 gesto. E tutti i giorni il medesimo umore, sempre coscienzioso, pieno di buon volere e attento, come se ogni giorno facesse scuola per la prima volta. Lo ricordo come lo sentissi adesso quando mi guardava! — Bottini, eh, Bottini! L'indice e il medio su quella penna! Sarà molto cambiato, dopo quarantaquattro anni. —

Appena arrivati a Condove, andammo a cercare la nostra antica giardiniera di Chieri, che ha una botteguccia, in un vicolo. La trovammo coi suoi ragazzi, ci fece molta festa, ci diede notizie di suo marito, che deve tornare dalla Grecia, dov'è a lavorare da tre anni, e della sua prima figliuola, che è nell' Istituto dei sordo-muti a Torino. Poi c'insegnò la strada per andar dal maestro, che è conosciuto da tutti.

Uscimmo dal paese, e pigliammo per una viottola in salita fiancheggiata di siepi fiorite.

Mio padre non parlava più, pareva tutto assorto nei suoi ricordi, e ogni tanto sorrideva e poi scoteva la testa.

All'improvviso si fermò, e disse: — Eccolo. Scommetto che è lui.

Veniva giù verso di noi, per la viottola, un vecchio piccolo, con la barba bianca, con un cappello largo, appoggiandosi a un bastone: strascicava i piedi e gli tremavan le mani.

— È lui, — ripetè mio padre, affrettando il passo.

Quando gli fummo vicini, ci fermammo. Il vecchio pure si fermò, e guardò mio padre. Aveva il viso ancora fresco, e gli occhi chiari e vivi.

— È lei — domandò mio padre, levandosi il cappello, — il maestro Vincenzo Crosetti?

Il vecchio pure si levò il cappello e rispose: — Son io, — con una voce un po' tremola, ma piena.

— Ebbene, — disse mio padre, pigliandogli una

mano, — permetta a un suo antico scolaro di stringerle la mano e di domandarle come sta. Io son venuto da Torino per vederla.

Il vecchio lo guardò, stupito. Poi disse: — Mi fa
5 troppo onore.... non so.... Quando, mio scolaro? mi scusi. Il suo nome, per piacere.

Mio padre disse il suo nome, Alberto Bottini, e l'anno ch'era stato a scuola da lui, e dove; e soggiunse: — Lei non si ricorderà di me, è naturale. Ma
10 io riconosco lei così bene!

Il maestro chinò il capo e guardò in terra, pensando, e mormorò due o tre volte il nome di mio padre; il quale, intanto, lo guardava con gli occhi fissi e sorridenti.

15 A un tratto il vecchio alzò il viso, con gli occhi spalancati, e disse lentamente: — Alberto Bottini? il figliuolo dell'ingegnere Bottini? quello che stava in piazza della Consolata?

— Quello, — rispose mio padre, tendendo le mani.

20 — Allora.... — disse il vecchio, — mi permetta, caro signore, mi permetta, — e fattosi innanzi, abbracciò mio padre: la sua testa bianca gli arrivava appena alla spalla. Mio padre appoggiò la guancia sulla sua fronte.

25 — Abbia la bontà di venir con me, — disse il maestro.

E senza parlare, si voltò e riprese il cammino verso casa sua. In pochi minuti arrivammo a un'aia, davanti a una piccola casa con due usci, intorno a uno
30 dei quali c'era un po' di muro imbiancato.

Il maestro aperse il secondo, e ci fece entrare in una stanza. Eran quattro pareti bianche: in un

canto un letto a cavalletti con una coperta a quadretti bianchi e turchini, in un altro un tavolino con
una piccola libreria; quattro seggiole,e una vecchia
carta geografica inchiodata a una parete; si sentiva
un buon odore di mele.   5

Sedemmo tutti e tre. Mio padre e il maestro si
guardarono per qualche momento in silenzio.

— Bottini! — esclamò poi il maestro, fissando gli
occhi sul pavimento a mattoni, dove il sole faceva
uno scacchiere. — Oh! mi ricordo bene. La sua si- 10
gnora madre era una così buona signora! Lei il primo
anno, è stato per un pezzo nel primo banco a sinistra
vicino alla finestra. Guarda un po' se mi ricordo.
Vedo ancora la sua testa ricciuta. — Poi stette un po'
pensando. — Era un ragazzo vivo, eh? molto. Il se- 15
condo anno è stato malato di crup. Mi ricordo
quando lo riportarono alla scuola, dimagrato, ravvolto
in uno scialle. Son passati quarant'anni, non è vero?
È stato buono tanto a ricordarsi del suo povero maestro. E ne vennero degli altri, ea, gli anni addietro, a 20
trovarmi qui, dei miei antichi scolari: un colonnello,
dei sacerdoti, vari signori. — Domandò a mio padre
qual' era la sua professione. Poi disse: — Mi rallegro, mi rallegro di cuore. La ringrazio. Ora poi era
un pezzo che non vedevo più nessuno. E ho ben 25
paura che lei sia l'ultimo, caro signore.

— Che dice mai! — esclamò mio padre — Lei, sta
bene, è ancora vegeto. Non deve dir questo.

— Eh no, — rispose il maestro; — vede questo tremito? — e mostrò le mani. — Questo è un cattivo 30
segno. Mi prese tre anni fa quando facevo ancora
scuola. Da principio non ci badai; credevo che sa-

rebbe passato. Ma invece restò, e andò crescendo.
Venne un giorno che non potei più scrivere. Ah!
quel giorno, quella prima volta che feci uno sgorbio
sul quaderno d' un mio scolaro, fu un colpo al cuore
5 per me, caro signore. Tirai bene ancora avanti per
un po' di tempo; ma poi non ne potei più. Dopo
sessant' anni d' insegnamento dovetti dare un addio
alla scuola, agli scolari, al lavoro. E fu dura, sa, fu
dura. L' ultima volta che feci lezione mi accompa-
10 gnarono tutti a casa, mi fecero festa; ma io ero triste,
capivo che la mia vita era finita. Già l'anno prima
avevo perso mia moglie e il mio figliuolo unico. Non
restai che con due nipoti contadini. Ora vivo di
qualche centinaio di lire di pensione. Non faccio più
15 nulla; le giornate mi par che non finiscano mai. La
mia sola occupazione, vede, è di sfogliare i miei vecchi libri di scuola, delle raccolte di giornali scolastici,
qualche libro che mi hanno regalato. Ecco lì, —
disse accennando la piccola libreria; — lì ci sono i miei
20 ricordi, tutto il mio passato.... Non mi resta altro al
mondo.

Poi in tono improvvisamente allegro: — Io le voglio
fare una sorpresa, caro signor Bottini. —

S'alzò e avvicinatosi al tavolino, aperse un cassetto
25 lungo che conteneva molti piccoli pacchi, tutti legati
con un cordoncino, e su ciascuno c'era scritta una
data di quattro cifre. Dopo aver cercato un poco, ne
aperse uno, sfogliò molte carte, tirò fuori un foglio
ingiallito e lo porse a mio padre. Era un suo lavoro
30 di scuola di quarant'anni fa! C'era scritto in testa:
Alberto Bottini, Dettato, 3 Aprile 1838. — Mio padre
riconobbe subito la sua grossa scrittura di ragazzo, e

si mise a leggere, sorridendo. Ma a un tratto gli si inumidirono gli occhi. Io m' alzai, domandandogli che cos'aveva.

Egli mi passò un braccio intorno alla vita e stringendomi al suo fianco mi disse: — Guarda questo foglio. Vedi? Queste sono le correzioni della mia povera madre. Essa mi rinforzava sempre gli *elle* e i *ti*. E le ultime righe son tutte sue. Aveva imparato a imitare i miei caratteri e quando io ero stanco e avevo sonno, terminava il lavoro per me. Santa madre mia!

E baciò la pagina.

— Ecco, — disse il maestro, mostrando gli altri pacchi, — le mie memorie. Ogni anno io ho messo da parte un lavoro di ciascuno dei miei scolari, e son tutti qui ordinati e numerati. Alle volte li sfoglio, così, e leggo una riga qua e una là, e mi tornano in mente mille cose, mi par di rivivere nel tempo andato. Quanti ne son passati, caro signore! Io chiudo gli occhi, e vedo visi sopra visi, classi dietro classi, centinaia e centinaia di ragazzi, che chi sa quanti sono già morti. Di molti mi ricordo bene. Mi ricordo bene dei più buoni e dei più cattivi, di quelli che m' han dato molte soddisfazioni e di quelli che m' han fatto passare dei momenti tristi; perchè ci ho avuto anche dei serpenti, si sa, in un così gran numero! Ma oramai, lei capisce, è come se fossi già nel mondo di là, e voglio bene a tutti egualmente.

Si rimise a sedere e prese una delle mie mani fra le sue.

— E di me, — domandò mio padre sorridendo, — non si ricorda nessuna monelleria?

— Di lei, signore? — rispose il vecchio, sorridendo

pure. — No, per il momento. Ma questo non vuol mica dire che non ne abbia fatte. Lei però aveva giudizio, era serio per l'età sua. Mi ricordo la grande affezione che le aveva la sua signora madre.... Ma è 5 stato ben buono, ben gentile a venirmi a trovare! Come ha potuto lasciare le sue occupazioni per venire da un povero vecchio maestro?

— Senta, signor Crosetti, — rispose mio padre, vivamente. — Io mi ricordo la prima volta che la mia 10 povera madre m'accompagnò alla sua scuola. Era la prima volta che doveva separarsi da me per due ore, e lasciarmi fuori di casa, in altre mani che quelle di mio padre; nelle mani d'una persona sconosciuta, insomma. Per quella buona creatura la mia entrata 15 nella scuola era come l'entrata nel mondo, la prima di una lunga serie di separazioni necessarie e dolorose: era la società che le strappava per la prima volta il figliuolo, per non renderglielo mai più tutto intero. Era commossa, ed io pure. Mi raccomandò a lei 20 con la voce che le tremava, e poi, andandosene mi salutò ancora per lo spiraglio dell'uscio, con gli occhi pieni di lacrime. E proprio in quel punto lei le fece un atto con una mano, mettendosi l'altra sul petto, come per dirle: — Signora, si fidi di me. — Ebbene 25 quel suo atto, quel suo sguardo, da cui mi accorsi che lei aveva capito tutti i sentimenti, tutti i pensieri di mia madre, quello sguardo che voleva dire: — Coraggio! — quell'atto che era un'onesta promessa di protezione, d'affetto, d'indulgenza, — io non l'ho mai 30 scordato, m'è rimasto scolpito nel cuore per sempre; ed è quel ricordo che m'ha fatto partir da Torino. Ed eccomi qui, dopo quarantaquattro anni, a dirle: Grazie, caro maestro.

Il maestro non rispose: mi accarezzava i capelli con la mano, e la sua mano tremava, tremava, mi saltava dai capelli sulla fronte, dalla fronte sulla spalla.

Intanto mio padre guardava quei muri nudi, quel povero letto, un pezzo di pane e un' ampollina d'olio ch'eran sulla finestra, e pareva che volesse dire: — Povero maestro, dopo sessant' anni di lavoro, è questo tutto il tuo premio?

Ma il buon vecchio era contento e ricominciò a parlare con vivacità della nostra famiglia, di altri maestri di quegli anni, e dei compagni di scuola di mio padre; il quale di alcuni si ricordava e di altri no, e l'uno dava all' altro delle notizie di questo e di quello: quando mio padre ruppe la conversazione per pregare il maestro di scendere in paese a far colazione con noi. Egli rispose con espansione: — La ringrazio, la ringrazio; — ma pareva incerto. Mio padre gli prese tutt'e due le mani e lo ripregò. — Ma come farò a mangiare, — disse il maestro, — con queste povere mani che ballano in questa maniera? È una penitenza anche per gli altri! — Noi l' aiuteremo, maestro — disse mio padre. E allora accettò, tentennando il capo e sorridendo.

— Una bella giornata questa, — disse chiudendo l' uscio di fuori, — una bella giornata, caro signor Bottini! Le accerto che me ne ricorderò fin che avrò vita.

Mio padre diede il braccio al maestro, questi prese per mano me, e discendemmo per la viottola. Incontrammo due ragazzine scalze che conducevan le vac-

che e un ragazzo che passò correndo, con un gran
carico di paglia sulle spalle. Il maestro ci disse che
eran due scolare e uno scolaro di seconda, che la mattina menavan le bestie a pasturare e lavoravan nei
5 campi a piedi nudi, e la sera si mettevano le scarpe e
andavano a scuola. Era quasi mezzogiorno. Non
incontrammo nessun altri. In pochi minuti arrivammo all'albergo, ci sedemmo a una gran tavola,
mettendo in mezzo il maestro, e cominciammo subito
10 a far colazione. L'albergo era silenzioso come un
convento. Il maestro era molto allegro, e la commozione gli accresceva il tremito; non poteva quasi
mangiare. Ma mio padre gli tagliava la carne, gli
rompeva il pane, gli metteva il sale nel tondo. Per
15 bere bisognava che tenesse il bicchiere con due mani,
e ancora gli batteva nei denti. Ma discorreva fitto,
con calore, dei libri di lettura di quando era giovane,
degli orari d'allora, degli elogi che gli avevan fatto i
superiori, dei regolamenti di questi ultimi anni, sem-
20 pre con quel viso sereno, un poco più rosso di prima,
e con una voce gaia, e il riso quasi d'un giovane. E
mio padre lo guardava, lo guardava, con la stessa espressione con cui lo sorprendo qualche volta a guardar
me, in casa, quando pensa e sorride da sè, col viso in-
25 clinato da una parte. Il maestro si lasciò andar del
vino sul petto, mio padre s'alzò e lo ripulì col tova-
gliolo. — Ma no, signore, non permetto! — egli disse, e
rideva. Diceva delle parole in latino. E in fine alzò
il bicchiere, che gli ballava in mano, e disse serio
30 serio: — Alla sua salute, dunque, caro signor ingegnere, ai suoi figliuoli, alla memoria della sua buona
madre! — Alla vostra, mio buon maestro! — rispose

mio padre, stringendogli la mano. E in fondo alla stanza c'era l'albergatore ed altri, che guardavano, e sorridevano in una maniera, come se fossero contenti di quella festa che si faceva al maestro del loro paese.

Alle due passate uscimmo e il maestro ci volle accompagnare alla stazione. Mio padre gli diede di nuovo il braccio ed egli mi riprese per la mano: io gli portai il bastone. La gente si soffermava a guardare, perchè tutti lo conoscevano; alcuni lo salutavano. A un certo punto della strada sentimmo da una finestra molte voci di ragazzi, che leggevano insieme, compitando. Il vecchio si fermò e parve che si rattristasse.

— Ecco, caro signor Bottini, — disse, — quello che mi fa pena. È sentir la voce dei ragazzi nella scuola, e non esserci più, pensare che c'è un altro. L'ho sentita per sessant'anni questa musica, e ci avevo fatto il cuore.... Ora son senza famiglia. Non ho più figliuoli.

— No, maestro, — gli disse mio padre, ripigliando il cammino, — lei ce n'ha ancora molti figliuoli, sparsi per il mondo, che si ricordano di lei, come io me ne son sempre ricordato.

— No, no, — rispose il maestro, con tristezza; — non ho più scuola, non ho più figliuoli. E senza figliuoli non vivrò più un pezzo. Ha da suonar presto la mia ora.

— Non lo dica, maestro; non lo pensi, — disse mio padre. — In ogni modo, lei ha fatto tanto bene! Ha impiegato la vita così nobilmente!

Il vecchio maestro inclinò un momento la testa bianca sopra la spalla di mio padre, e mi diede una stretta alla mano.

Eravamo entrati nella stazione. Il treno stava per partire.

— Addio, maestro! — disse mio padre, baciandolo sulle due guancie.

5 — Addio, grazie, addio, — rispose il maestro, prendendo colle sue mani tremanti una mano di mio padre e stringendosela sul cuore.

Poi lo baciai io, e gli sentii il viso bagnato. Mio padre mi spinse nel vagone, e al momento di salire, 10 levò rapidamente il rozzo bastone di mano al maestro, e gli mise invece la sua bella canna col pomo d'argento e le sue iniziali, dicendogli: — La conservi per mia memoria.

Il vecchio tentò di renderla e di prender la sua; ma 15 mio padre era già dentro, e aveva richiuso lo sportello.

— Addio, mio buon maestro!

— Addio, figliolo, — rispose il maestro, mentre il treno si moveva, — e Dio lo benedica per la consolazione che ha portato a un povero vecchio.

20 — A rivederci! — gridò mio padre, con voce commossa.

Ma il maestro crollò il capo come per dire: — Non ci rivedremo più.

—. Sì, sì, — ripetè mio padre, — a rivederci.

25 E quegli rispose alzando la mano tremola al cielo: — Lassù!

E disparve al nostro sguardo così, con la mano in alto.

VALOR CIVILE.

(Racconto mensile.)

Al tocco eravamo col maestro davanti al Palazzo di città per veder dare la medaglia del valor civile al ragazzo che salvò un suo compagno dal Po.

Sul terrazzo della facciata sventolava una grande bandiera tricolore. 5

Entrammo nel cortile del Palazzo.

Era già pieno di gente. Si vedeva in fondo un tavolo col tappeto rosso, e delle carte sopra, e dietro una fila di seggioloni dorati per il Sindaco e per la Giunta: c'erano gli uscieri del Municipio con la sot- 10 toveste azzurra e le calze bianche. A destra del cortile stava schierato un drappello di guardie civiche, che avevano molte medaglie, e accanto a loro un drappello di guardie daziarie; dall'altra parte i pompieri, in divisa festiva, e molti soldati senz'ordine, venuti 15 là per vedere: soldati di cavalleria, bersaglieri, artiglieri. Poi tutt' intorno dei signori, dei popolani, alcuni uffiziali, e donne e ragazzi, che si accalcavano. Noi ci stringemmo in un angolo dov'erano già affollati molti alunni d'altre sezioni, coi loro maestri, e 20 c'era vicino a noi un gruppo di ragazzi del popolo, tra i dieci e i diciott' anni, che ridevano e parlavan forte, e si capiva ch'erau tutti di Borgo Po, compagni o conoscenti di quello che doveva aver la medaglia. Su, a tutte le finestre, c'erano affacciati degli 25 impiegati del Municipio; la loggia della biblioteca pure era piena di gente, che si premeva contro la balaustrata; e in quella del lato opposto, che è sopra il portone d'entrata, stavano pigiate un gran numero di ragazze delle scuole pubbliche, e molte *Figlie dei militari,* coi loro bei veli celesti.   Pareva un teatro. Tutti discorrevano allegri, guardando a ogni tratto dalla parte del tavolo rosso, se comparisse nessuno.

5 La banda musicale suonava piano in fondo al portico.   Sui muri alti batteva il sole.   Era bello.

All' improvviso tutti si misero a batter le mani dal cortile, dalle loggie, dalle finestre.

Io m'alzai in punta di piedi per vedere.

10 La folla che stava dietro al tavolo rosso s' era aperta, ed eran venuti avanti un uomo e una donna. L'uomo teneva per mano un ragazzo.

Era quello che aveva salvato il compagno.

L'uomo era suo padre, un muratore, vestito a festa.

15 La donna, — sua madre, — piccola e bionda, aveva una veste nera.   Il ragazzo, anche biondo e piccolo, aveva una giacchetta grigia.

A veder tutta quella gente e a sentir quello strepito d' applausi, rimasero lì tutti e tre, che non osa-
20 vano più nè guardare nè muoversi.   Un usciere municipale li spinse accanto al tavolo, a destra.

Tutti stettero zitti un momento, e poi un' altra volta scoppiarono gli applausi da tutte le parti.   Il ragazzo guardò su alle finestre e poi alla loggia delle
25 *Figlie dei militari;* teneva il cappello fra le mani, sembrava che non capisse bene dove fosse.   Mi parve che somigliasse un poco a Coretti, nel viso; ma più rosso.   Suo padre e sua madre tenevan gli occhi fissi sul tavolo.

30 Intanto tutti i ragazzi di borgo Po, che eran vicini a noi, si sporgevano avanti, facevano dei gesti verso il loro compagno per farsi vedere, chiamandolo a voce

bassa: — *Pin! Pin! Pinot!* — A furia di chiamarlo
si fecero sentire. Il ragazzo li guardò, e nascose il
sorriso dietro il cappello.

A un dato punto tutte le guardie si misero sull'-
attenti.

Entrò il Sindaco, accompagnato da molti signori.

Il Sindaco, tutto bianco, con una gran ciarpa tricolore, si mise al tavolino, in piędi; tutti gli altri
dietro e dai lati.

La banda cessò di suonare, il Sindaco fece un cenno,
tutti tacquero.

Cominciò a parlare. Le prime parole non le intesi
bene; ma capii che raccontava il fatto del ragazzo.
Poi la sua voce s'alzò, e si sparse così chiara e sonora
per tutto il cortile, che non perdetti più una parola. —.... Quando vide dalla sponda il compagno che
si dibatteva nel fiume, già preso dal terrore della
morte, egli si strappò i panni di dosso e accorse senza
titubare un momento. Gli gridarono: — T'anneghi!,
— non rispose; lo afferrarono, si svincolò; lo chiama-
ron per nome, era già nell'acqua. Il fiume era gonfio,
il rischio terribile, anche per un uomo. Ma egli si
slanciò contro la morte con tutta la forza del suo piccolo corpo e del suo grande cuore; raggiunse e afferrò
in tempo il disgraziato, che già era sott'acqua, e lo
tirò a galla; lottò furiosamente con l'onda che li volea travolgere, col compagno che tentava d'avvin-
gghiarlo; e più volte sparì sotto e rivenne fuori con
uno sforzo disperato; ostinato, invitto nel suo santo
proposito, non come un ragazzo che voglia salvare un
altro ragazzo, ma come un uomo, come un padre che
lotti per salvare un figliuolo, che è la sua speranza e

la sua vita. Infine, Dio non permise che una così
generosa prodezza fosse inutile. Il nuotatore fanciullo strappò la vittima al fiume gigante, e la recò a
terra, e le diè ancora, con altri, i primi conforti;
5 dopo di che se ne tornò a casa solo e tranquillo, a
raccontare iugennamente l' atto suo. Signori! Bello,
venerabile è l'eroismo dell'uomo. Ma nel fanciullo,
in cui nessuna mira d' ambizione o d' altro interesse
è ancor possibile; nel fanciullo che tanto deve aver
10 più d'ardimento quanto ha meno di forza; nel fanciullo a cui nulla domandiamo, che a nulla è tenuto,
che ci pare già tanto nobile e amabile, non quando
compia, ma solo quando comprenda e riconosca il
sacrifizio altrui; l' eroismo nel fanciullo è divino.
15 Non dirò altro signori. Non voglio ornar di lodi
superflue una così semplice grandezza. Eccolo qui
davanti a voi il salvatore valoroso e gentile. Soldati,
salutatelo come un fratello; madri, beneditelo come
un figliuolo; fanciulli, ricordatevi il suo nome, stam-
20 patevi nella mente il suo viso, ch'egli non si can-
celli mai più dalla vostra memoria e dal vostro cuore.
Avvicinati, ragazzo. In nome del Re d' Italia, io ti
do la medaglia al valor civile.

Un evviva altissimo, lanciato insieme da molte
25 voci, fece echeggiare il palazzo.

Il Sindaco prese sul tavolo la medaglia e l'attaccò
al petto del ragazzo. Poi lo abbracciò e lo baciò.

La madre si mise una mano sugli occhi, il padre
teneva il mento sul petto.

30 Il Sindaco strinse la mano a tutti e due, e preso
il decreto della decorazione, legato con un nastro,
lo porse alla donna.

Poi si rivolse al ragazzo e disse: — Che il ricordo di questo giorno così glorioso per te, così felice per tuo padre e per tua madre, ti mantenga per tutta la vita sulla via della virtù e dell'onore. Addio!

Il Sindaco uscì, la banda sonò e tutto parea finito, quando il drappello dei pompieri s'aperse, e un ragazzo di otto o nove anni, spinto innanzi da una donna che subito si nascose, si slanciò verso il decorato e gli cascò fra le braccia.

Un altro scoppio d'evviva e d'applausi fece rintronare il cortile; tutti avevan capito alla prima, quello era il ragazzo stato salvato dal Po, che veniva a ringraziare il suo salvatore. Dopo averlo baciato, gli si attaccò a un braccio per accompagnarlo fuori. Essi due primi, e il padre e la madre dietro s'avviarono verso l'uscita, passando a stento fra la gente che faceva ala al loro passaggio, guardie, ragazzi, soldati, donne, alla rinfusa. Tutti si spingevano avanti e s'alzavano in punta di piedi per vedere il ragazzo. Quelli che eran sul passaggio gli toccavan la mano. Quando passò davanti ai ragazzi delle scuole, tutti agitarono i berretti per aria. Quelli di borgo Po fecero un grande schiamazzo, tirandolo per le braccia e per la giacchetta, e gridando: — *Pin! viva Pin! Bravo Pinot!* — Io lo vidi passar proprio vicino. Era tutto acceso nel viso, contento; la medaglia aveva il nastro bianco, rosso e verde. Sua madre piangeva e rideva; suo padre si torceva un baffo con una mano, che gli tremava forte, come se avesse la febbre. E su dalle finestre e dalle loggie seguitavano a sporgersi fuori e ad applaudire. Tutt'a un tratto, quando furono per entrar sotto il portico, venne giù dalla loggia delle

Figlie dei militari una vera pioggia di pensieri, di mazzettini di viole e di margherite, che caddero sulla testa del ragazzo, del padre, della madre, e si sparsero in terra.   Molti si misero a raccoglierli in fretta e li
5 porgevano alla madre. E la banda in fondo al cortile sonava piano piano un'aria bellissima, che pareva il canto di tante voci argentine che s'allontanassero lente giù per le rive d'un fiume.

MAGGIO.

11, *giovedì.*

Questa mattina io avevo finito di copiare la mia parte del racconto *Dagli Apennini alle Ande*, e stavo cercando un tema per la composizione libera che ci diede da fare il maestro, quando udii un vocìo insolito per le scale, e poco dopo entrarono in casa due pom- 5 pieri, i quali domandarono a mio padre il permesso di visitar le stufe e i camini, perchè bruciava un fumaiolo sui tetti, e non si capiva di chi fosse. Mio padre disse: — Facciano pure, — e benchè non avessimo fuoco acceso da nessuna parte, essi cominciarono a 10 girar per le stanze e a metter l'orecchio alle pareti, per sentire se rumoreggiasse il foco dentro alle gole che vanno su agli altri piani della casa.

E mio padre mi disse, mentre giravan per le stanze: — Enrico, ecco un tema per la tua composizione: i 15 pompieri. Próvati un po' a scrivere quello che ti racconto. Io li vidi all'opera due anni fa, una sera che uscivo dal teatro Balbo, a notte avanzata. Entrando in via Roma, vidi una luce insolita, e un'onda di gente che accorreva: una casa era in fuoco: lin- 20

---

[1] Il fatto avvenne nella notte del 27 gennaio 1880.

gue di fiamma e nuvoli di fumo rompevan dalle finestre e dal tetto; uomini e donne apparivano ai davanzali e sparivano, gettando grida disperate, c 'era gran
tumulto davanti al portone; la folla gridava: — Bru-
5 cian vivi! Soccorso! I pompieri! — Arrivò in quel
punto una carrozza, ne saltaron fuori quattro pompieri, i primi che s' eran trovati al Municipio, e si
slanciarono dentro alla casa. Erano appena entrati,
che si vide una cosa orrenda: una donna s' affacciò
10 urlando a una finestra del terzo piano, s'afferrò alla
ringhiera, la scavalcò, e rimase afferrata così, quasi
sospesa nel vuoto, con la schiena in fuori, curva sotto
il fumo e le fiamme che fuggendo dalla stanza le lam-
bivan quasi la testa. La folla gettò un grido di rac-
15 capriccio. I pompieri, arrestati per isbaglio al secondo
piano dagli inquilini atterriti, avevan già sfondato un
muro e s' eran precipitati in una camera; quando
cento grida li avvertirono: — Al terzo piano! Al
terzo piano! — Volarono al terzo piano. Qui era un
20 rovinio d'inferno: travi di tetto che crollavano, cor-
ridoi pieni di fiamme, un fumo che soffocava. Per
arrivare alle stanze dov' eran gl'inquilini rinchiusi,
non restava altra via che passar pel tetto. Si lancia-
ron subito su, e un minuto dopo si vide come un fan-
25 tasma nero saltar sui coppi, tra il fumo. Era il caporale, arrivato il primo. Ma per andare dalla parte
del tetto che corrispondeva al quartierino chiuso dal
fuoco, gli bisognava passare sopra un ristrettissimo
spazio compreso tra un abbaino e la grondaia; tutto
30 il resto fiammeggiava, e quel piccolo tratto era coperto di neve e di ghiaccio, e non c' era dove aggrap-
parsi. — È impossibile che passi! — gridava la folla

di sotto. Il caporale s'avanzò sull'orlo de' tetto: — tutti rabbrividirono, e stettero a guardar col respiro sospeso: — passò: — un immenso evviva salì al cielo. Il caporale riprese la corsa, e arrivato al punto minacciato, cominciò a spezzare furiosamente a colpi d'accetta coppi, travi, correntini, per aprirsi una buca da scender dentro. Intanto la donna era sempre sospesa fuor della finestra, il fuoco le infuriava sul capo, un minuto ancora, e sarebbe precipitata nella via. La buca fu aperta: si vide il caporale levarsi la tracolla 10 e calarsi giù; gli altri pompieri, sopraggiunti, lo seguirono. Nello stesso momento un'altissima scala Porta, arrivata allora, s'appoggiò al cornicione della casa, davanti alle finestre da cui uscivano fiamme e urli da pazzi. Ma si credeva che fosse tardi. — Nes- 15 suno si salva più, — gridavano. — I pompieri bruciano. — È finita. — Son morti. — All'improvviso si vide apparire alla finestra della ringhiera la figura nera del caporale, illuminata di sopra in giù dalle fiamme; — la donna gli s'avvinghiò al collo: — egli 20 l'afferrò alla vita con tutt'e due le braccia, la tirò su, la depose dentro alla stanza. La folla mise un grido di mille voci, che coprì il fracasso dell'incendio. Ma e gli altri? e discendere? La scala, appoggiata al tetto davanti a un'altra finestra, distava dal davan- 25 zale un buon tratto. Come avrebbero potuto attaccarvisi? Mentre questo si diceva, uno dei pompieri si fece fuori della finestra, mise il piede destro sul davanzale e il sinistro sulla scala, e così ritto per aria, abbracciati ad uno ad uno gli inquilini, che gli altri gli 30 porgevan di dentro, li porse a un compagno, ch'era salito su dalla via, e che, attaccatili bene ai pioli, li

fece scendere, l'un, dopo l'altro, aiutati da altri pompieri di sotto. Passò prima la donna della ringhiera, poi una bimba, un'altra donna, un vecchio. Tutti eran salvi. Dopo il vecchio, scesero i pompieri rimasti 5 dentro; ultimo a scendere fu il caporale, che era stato il primo ad accorrere. La folla li accolse tutti con uno scoppio d'applausi; ma quando comparve l'ultimo, l'avanguardia dei salvatori, quello che aveva affrontato innanzi agli altri l'abisso, quello che sa-10 rebbe morto, se uno avesse dovuto morire, la folla lo salutò come un trionfatore, gridando e stendendo le ·braccia con un slancio affettuoso d'ammirazione e di gratitudine, e in pochi momenti il suo nome oscuro — Giuseppe Robbino — suonò su mille bocche.....
15 Hai capito ? Quello è coraggio, il coraggio del cuore, che non ragiona, che non vacilla, che va diritto cieco fulmineo dove sente il grido di chi muore. Io ti condurrò un giorno agli esercizi dei pompieri, e ti farò vedere il caporale Robbino; perchè saresti molto con-20 tento di conoscerlo, non è vero ?

Risposi di sì.

— Eccolo qua, — disse mio padre.

Io mi voltai di scatto. I due pompieri, terminata la visita, attraversavan la stanza per uscire.

25 Mio padre m'accennò il più piccolo, che aveva i galloni, e mi disse: — Stringi la mano al caporale Robbino.

Il caporale si fermò e mi porse la mano, sorridendo: io glie la strinsi; egli mi fece un saluto ed uscì.

30 — E ricordatene bene, — disse mio padre, — perchè delle migliaia di mani che stringerai nella vita, non ce ne sarà forse dieci che valgan la sua.

DAGLI APENNINI ALLE ANDE.

(Racconto mensile)

Molti anni fa un ragazzo genovese di tredici anni, figliuolo d'un operaio, andò da Genova in America, — solo, — per cercare sua madre.

Sua madre era andata due anni prima a Buenos Aires, città capitale della Repubblica Argentina, per 5 mettersi a servizio di qualche casa ricca, e guadagnar così in poco tempo tanto da rialzare la famiglia, la quale, per effetto di varie disgrazie, era caduta nella povertà e nei debiti. Non sono poche le donne coraggiose che fanno un così lungo viaggio con quello 10 scopo, e che grazie alle grandi paghe che trova laggiù la gente di servizio, ritornano in patria a capo di pochi anni con qualche migliaio di lire. La povera madre aveva pianto lacrime di sangue al separarsi dai suoi figliuoli, l'uno di diciott'anni e l'altro di undici; 15 ma era partita con coraggio, e piena di speranza. Il viaggio era stato felice: arrivata appena a Buenos Aires, aveva trovato subito, per mezzo d'un bottegaio genovese, cugino di suo marito, stabilito là da molto tempo, una buona famiglia argentina, che la pagava 20 molto e la trattava bene. E per un po' di tempo aveva mantenuto coi suoi una corrispondenza regolare. Com' era stato convenuto fra loro, il marito dirigeva le lettere al cugino, che le ricapitava alla donna, e questa rimetteva le risposte a lui, che le spediva a Genova, 25 aggiungendovi qualche riga di suo. Guadagnando ottanta lire il mese e non spendendo nulla per sè, mandava a casa ogni tre mesi una bella somma, con

la quale il marito, che era galantuomo, andava pagando via via i debiti più urgenti, e riguadagnando così la sua buona reputazione. E intanto lavorava ed era contento dei fatti suoi, anche per la speranza
5 che la moglie sarebbe ritornata fra non molto tempo, perchè la casa pareva vuota senza di lei, e il figliuolo minore in special modo, che amava moltissimo sua madre, si rattristava, non si poteva rassegnare alla sua lontananza.
10 Ma trascorso un anno dalla partenza, dopo una lettera breve nella quale essa diceva di star poco bene di salute, non ne ricevettero più. Scrissero due volte al cugino; il cugino non rispose. Scrissero alla famiglia argentina, dove la donna era a servire; ma non
15 essendo forse arrivata la lettera perchè avean storpiato il nome sull' indirizzo, non ebbero risposta. Temendo d' una disgrazia, scrissero al Consolato italiano di Buenos Aires, che facesse fare delle ricerche; e dopo tre mesi fu risposto loro del Console
20 che, nonostante l'avviso fatto pubblicare dai giornali, nessuno s' era presentato, neppure a dare notizie. E non poteva accadere altrimenti, oltre che per altre ragioni, anche per questa: che con l' idea di salvare il decoro dei suoi, chè le pareva di macchiarlo a far la
25 serva, la buona donna non aveva dato alla famiglia argentina il suo vero nome. Altri mesi passarono, nessuna notizia. Padre e figliuoli erano costernati; il più piccolo, oppresso da una tristezza che non poteva vincere. Che fare? A chi ricorrere? La
30 prima idea del padre era stata di partire, d' andar a cercar sua moglie in America. Ma e il lavoro? chi avrebbe mantenuto i suoi figliuoli? E neppure

avrebbe potuto partire il figliuol maggiore, che cominciava appunto allora a guadagnar qualche cosa, ed era
necessario alla famiglia. E in questo affanno vivevano,
ripetendo ogni giorno gli stessi discorsi dolorosi, o
guardandosi l'un l'altro, in silenzio.   Quando una 5
sera Marco, il più piccolo, uscì a dire risolutamente:
— Ci vado io in America a cercar mia madre. — Il
padre crollò il capo, con tristezza, e non rispose.   Era
un pensiero affettuoso, ma una cosa impossibile.   A
tredici anni, solo, fare un viaggio in America, che ci 10
voleva un mese ad andarci!   Ma il ragazzo insistette,
pazientemente.   Insistette quel giorno, il giorno dopo,
tutti i giorni, con una grande pacatezza, ragionando
col buon senso d'un uomo. — — Altri ci sono andati,
— diceva, — e più piccoli di me.   Una volta che son 15
sul bastimento, arrivo là come un altro.   Arrivato là,
non ho che a cercare la bottega del cugino.   Ci son
tanti italiani, qualcheduno m' insegnerà la strada.
Trovato il cugino, è trovata mia madre, e se non trovo
lui, vado dal Console, cercherò la famiglia argentina. 20
Qualunque cosa accada, laggiù c' è del lavoro per
tutti; troverò del lavoro anch' io, almeno per guadagnar tanto da ritornare a casa. — E così, a poco a
poco, riuscì quasi a persuadere suo padre.   Suo padre
lo stimava, sapeva che aveva giudizio e coraggio, che 25
era assuefatto alle privazioni e ai sacrifizi, e che tutte
queste buone qualità avrebbero preso doppia forza nel
suo cuore per quel santo scopo di trovar sua madre,
ch'egli adorava.   Si aggiunse pure che un Comandante di piroscafo, amico d'un suo conoscente, avendo 30
inteso parlar della cosa, s' impegnò di fargli aver gratis un biglietto di terza classe per l' Argentina.   E

allora, dopo un altro po' di esitazione, il padre accon-
sentì, il viaggio fu deciso. Gli empirono una sacca
di panni, gli misero in tasca qualche scudo, gli diedero l' indirizzo del cugino, e una bella sera del mese
5 d'aprile lo imbarcarono. — Figliuolo, Marco mio, —
gli disse il padre dandogli l'ultimo bacio, con le lacrime agli occhi, sopra la scala del piroscafo che
stava per partire: — fatti coraggio. Parti per un
santo fine e Dio t'aiuterà.

10   Povero Marco! Egli aveva il cuor forte e preparato
anche alle più dure prove per quel viaggio; ma
quando vide sparire all'orizzonte la sua bella Genova,
e si trovò in alto mare, su quel grande piroscafo affollato di contadini emigranti, solo, non conosciuto da
15 alcuno, con quella piccola sacca, che racchiudeva tutta
la sua fortuna, un improvviso scoraggiamento lo as-
salì. Per due giorni stette accucciato come un cane
a prua, non mangiando quasi, oppresso da un gran bisogno di piangere. Ogni sorta di tristi pensieri gli pas-
20 savan per la mente, e il più triste, il più terribile era il
più ostinato a tornare: il pensiero che sua madre fosse
morta. Nei suoi sonni rotti e penosi egli vedeva sempre
la faccia d'uno sconosciuto, che lo guardava in aria di
compassione e poi gli diceva all'orecchio: — Tua ma-
25 dre è morta. — E allora si svegliava soffocando un
grido. Nondimeno, passato lo stretto di Gibilterra,
alla prima vista del l'Oceano atlantico, riprese un
poco d' animo e di speranza. Ma fu un breve sol-
lievo Quell' immenso mare sempre eguale, il calore
30 crescente, la tristezza di tutta quella povera gente che
lo circondava, il sentimento della propria solitudine

tornarono a buttarlo giù. I giorni, che si succede-
vano vuoti e monotoni, gli si confondevano nella memoria, come accade ai malati. Gli pareva d'essere in
mare da un anno. E ogni mattina, svegliandosi, provava un nuovo stupore di esser là solo, in mezzo a 5
quell'immensità d'acqua, in viaggio per l'America. I
bei pesci volanti che venivano ogni tanto a cascare sul
bastimento, quei meravigliosi tramonti dei tropici,
con quelle enormi nuvole color di bragia e di sangue,
e quelle fosforescenze notturne che fanno parer l'o- 10
ceano tutto acceso come un mare di lava, non gli
facevan l'effetto di cose reali, ma di prodigi veduti in
sogno. Ebbe delle giornate di cattivo tempo, durante
le quali restò chiuso continuamente nel dormitorio,
dove tutto ballava e rovinava, in mezzo a un coro spa- 15
ventevole di lamenti e d'imprecazioni; e credette che
fosse giunta la sua ultima ora. Ebbe altre giornate
di mare quieto e giallastro, di caldura insopportabile,
di noia infinita; ore interminabili e sinistre, durante
le quali i passeggieri spossati, distesi immobili sulle 20
tavole, parevan tutti morti. E il viaggio non finiva
mai; mare e cielo, cielo e mare, oggi come ieri, domani come oggi, — ancora, — sempre, — eternamente.
Ed egli per lunghe ore stava appoggiato al parapetto
a guardar quel mare senza fine, sbalordito, pensando 25
vagamente a sua madre, fin che gli occhi gli si chiu-
devano e il capo gli cascava dal sonno; e allora rivedeva quella faccia sconosciuta che lo guardava in aria
di pietà, e gli ripeteva all'orecchio: — Tua madre è
morta! — e a quella voce si risvegliava in sussulto, per 30
ricominciare a sognare a occhi aperti e a guardar l'
orizzonte immutato.

Ventisette giorni durò il viaggio! Ma gli ultimi furono i migliori.   Il tempo era bello e l'aria fresca. Egli aveva fatto conoscenza con un buon vecchio lombardo, che andava in America a trovare il figliolo, col-
5 tivatore di terra vicino alla città di Rosario, gli aveva detto tutto di casa sua, e il vecchio gli ripeteva ogni tanto, battendogli una mano sulla nuca: — Coraggio, *bagai*, tu troverai tua madre sana e contenta. — Quella compagnia lo riconfortava, i suoi presenti-
10 menti s'erano fatti di tristi lieti.   Seduto a prua, accanto al vecchio contadino che fumava la pipa, sotto un bel cielo stellato, in mezzo a gruppi d'emigranti che cantavano, egli si rappresentava cento volte al pensiero il suo arrivo a Buenos Aires, si ve-
15 deva in quella certa strada, trovava la bottega, si lanciava incontro al cugino: — Come sta mia madre? Dov'è? Andiamo subito! — Andiamo subito; — correvano insieme, salivano una scala, s'apriva una porta.... E qui il suo soliloquio muto s'arrestava, la
20 sua immaginazione si perdeva in un sentimento d'inesprimibile tenerezza, che gli faceva tirar fuori di nascosto una piccola medaglia che portava al collo, e mormorare, baciandola, le sue orazioni.

Il ventisettesimo giorno dopo quello della partenza,
25 arrivarono.   Era una bella aurora rossa di maggio quando il piroscafo gittava l'áncora nell' immenso fiume della Plata, sopra una riva del quale si stende la vasta città di Buenos Aires, capitale della Repubblica Argentina.   Quel tempo splendido gli parve di
30 buon augurio.   Era fuor di sè dalla gioia e dall' impazienza.   Sua madre era a poche miglia di distanza

da lui! Tra poche ore l'avrebbe veduta! Ed egli si
trovava in America, nel nuovo mondo, e aveva avuto
l'ardimento di venirci solo!. Tutto quel lunghissimo
viaggio gli pareva allora che fosse passato in un
nulla. Gli pareva d'aver volato, sognando, e di es- 5
sersi svegliato in quel punto. Ed era così felice, che
quasi non ci stupì nè si afflisse, quando si frugò nelle
tasche, e non ci trovò più uno dei due gruzzoli in cui
aveva diviso il suo piccolo tesoro, per esser più sicuro
di non perdere tutto. Gliel'avevan rubato, non gli 10
restavan più che poche lire; ma che gli importava,
ora ch'era vicino a sua madre? Con la sua sacca alla
mano, scese insieme a molti altri italiani in un vaporino che li portò fino a poca distanza dalla riva, calò
dal vaporino in una barca che portava il nome di *An-* 15
drea Doria, fu sbarcato al molo, salutò il suo vecchio
amico lombardo, e s'avviò a lunghi passi verso la città.

Arrivato all'imboccatura della prima via fermò
un uomo che passava e lo pregò di indicargli da che
parte dovesse prendere per andar in via da *los Artes.* 20
Aveva fermato per l'appunto un operaio italiano.
Questi lo guardò con curiosità e gli domandò se
sapeva leggere. Il ragazzo accennò di sì. — Ebbene,
— gli disse l'operaio, indicandogli la via da cui egli
usciva; — va su sempre diritto, leggendo i nomi delle 25
vie a tutte le cantonate: finirai con trovare la tua. —
Il ragazzo lo ringraziò e infilò la via che gli s'apriva
davanti.

Era una via diritta e sterminata, ma stretta;
fiancheggiata da case basse e bianche, che parevan 30
tanti villini; piena di gente, di carrozze, di grandi

carri, che facevano uno strepito assordante; e qua e
là spenzolavano enormi bandiere di vari colori, con
su scritto a grossi caratteri l'annunzio di partenze di
piroscafi per città sconosciute. A ogni tratto di
5 cammino, voltandosi a destra e a sinistra, egli vedeva
due altre vie che fuggivano diritte a perdita d'occhio,
fiancheggiate pure da case basse e bianche, e piene
di gente e di carri, o tagliate in fondo dalla linea
diritta della sconfinata pianura americana, simile
10 all'orizzonte del mare. La città gli pareva infinita;
gli pareva che si potesse camminar per giornate e per
settimane vedendo sempre di qua e di là altre vie
come quelle, e che tutta l'America ne dovesse esser
coperta. Guardava attentamente i nomi delle vie:
15 dei nomi strani che stentava a leggere. A ogni nuova
via, si sentiva battere il cuore, pensando che fosse la
sua. Guardava tutte le donne con l'idea di incontrare
sua madre. Ne vide una davanti a sè, che gli diede
una scossa al sangue: la raggiunse, la guardò: era
20 una negra. E andava, andava, affrettando il passo.
Arrivò a un crocicchio, lesse, e restò come inchiodato
sul marciapiede. Era la via delle Arti. Svoltò, vide
il numero 117, la bottega del cugino era al numero
175. Affrettò ancora il passo, correva quasi; al
25 numero 171 dovette fermarsi per riprender respiro.
E disse tra sè: — O madre mia! madre mia! È proprio
vero che ti vedrò a momenti! — Corse innanzi, arrivò
a una piccola bottega di merciaio. Era quella.
S'affacciò. Vide una donna coi capelli grigi e gli
30 occhiali.

    — Che volete, ragazzo? — gli domandò quella, in
spagnuolo.

— Non è questa, — disse il ragazzo, stentando a metter fuori la voce, — la bottega di Francesco Merelli?

Francesco Merelli è morto, — rispose la donna in italiano.

Il ragazzo ebbe l'impressione d'una percossa nel petto.

— Quando morto?

— Eh, da un pezzo, — rispose la donna; — da mesi. Fece cattivi affari, scappò. Dicono che sia andato a Bahia Blanca, molto lontano di qui. E morì appena arrivato. La bottega è mia.

Il ragazzo impallidì.

Poi disse rapidamente: — Merelli conosceva mia madre, mia madre era qua a servire dal signor Mequinez. Egli solo poteva dirmi dov'era. Io son venuto in America a cercar mia madre. Merelli le mandava le lettere. Io ho bisogno di trovar mia madre.

— Povero figliuolo, — rispose la donna, — io non so. Posso domandare al ragazzo del cortile. Egli conosceva il giovane che faceva commissioni per Merelli. Può darsi che sappia dir qualche cosa.

Andò in fondo alla bottega e chiamò il ragazzo, che venne subito. — Dimmi un poco, — gli domandò la bottegaia; — ti ricordi che il giovane di Merelli andasse qualche volta a portar delle lettere a una donna di servizio, in casa di *figli del paese?*

— Dal signor Mequinez, — rispose il ragazzo, — sì signora, qualche volta. In fondo a via delle Arti.

— Ah! signora, grazie! — gridò Marco. — Mi dica il numero.... non lo sa? Mi faccia accompagnare, —

accompagnami tu subito, ragazzo; — io ho ancora dei
soldi.

E disse questo con tanto calore, che senz'aspettar
la preghiera della donna, il ragazzo rispose: — an-
5 diamo; — e uscì pel primo a passi lesti.

Quasi correndo, senza dire una parola, andarono
fino in fondo alla via lunghissima, infilarono l'andito
d'entrata d'una piccola casa bianca, e si fermarono
davanti a un bel cancello di ferro, da cui si vedeva un
10 cortiletto, pieno di vasi di fiori. Marco diede una
strappata al campanello.

Comparve una signorina.

— Qui sta la famiglia Mequinez, non è vero? —
domandò ansiosamente il ragazzo.

15 — Ci stava; — rispose la signorina, pronunziando
l'italiano alla spagnuola. — Ora ci stiamo noi, Ze-
ballos.

— E dove sono andati i Mequinez? — domandò
Marco, col batticuore.

20 — Sono andati a Cordova.

— Cordova! — esclamò Marco. — Dov'è Cordova?
E la persona di servizio che avevano? la donna, mia
madre! La donna di servizio era mia madre! Hanno
condotta via anche mia madre?

25 La signorina lo guardò e disse: — Non so. Lo
saprà forse mio padre, che li ha conosciuti quando
partirono. Aspettate un momento.

Scappò, e tornò poco dopo con suo padre, un signore
alto, con la barba grigia. Questi guardò fisso un
30 momento quel tipo simpatico di piccolo marinaio
genovese, coi capelli biondi e il naso aquilino, e gli domandò in cattivo italiano: — Tua madre è genovese?

Marco rispose di sì.

— Ebbene, la donna di servizio genovese è andata con loro, lo so di certo.

— E dove sono andati?

— A Cordova, una città.

Il ragazzo mise un sospiro; poi disse con rassegnazione: — Allora.... andrò a Cordova.

— *Ah pobre niño!* — esclamò il signore, guardandolo in aria di pietà. — Povero ragazzo! È a centinaia di miglia di qua, Cordova.

Marco diventò pallido come un morto, e s'appoggiò con una mano alla cancellata.

— Vediamo, vediamo, — disse allora il signore, mosso a compassione, aprendo la porta, — vieni dentro un momento, vediamo un po' se si può far qualche cosa. — Sedette, gli diè da sedere, gli fece raccontar la sua storia, lo stette a sentire molto attento, rimase un pezzo pensieroso; poi gli disse risolutamente: — Tu non hai denari, non è vero?

— Ho ancora.... poco, — rispose Marco.

Il signore pensò altri cinque minuti, poi si mise a un tavolino, scrisse una lettera, la chiuse, e porgendola al ragazzo, gli disse: — Senti, *italianito.* Va con questa lettera alla Boca. È una piccola città mezza genovese, a due ore di strada di qua. Tutti ti sapranno indicare il cammino. Va là e cerca di questo signore, a cui è diretta la lettera, e che è conosciuto da tutti. Portagli questa lettera. Egli ti farà partire domani per la città di Rosario, e ti raccomanderà a qualcuno lassù, che penserà a farti proseguire il viaggio fino a Cordova, dove troverai la famiglia Mequinez e tua madre. Intanto, piglia

questo. — E gli mise in mano qualche lira. — Va, e
fatti coraggio; qui hai da per tutto dei compaesani,
non rimarrai abbandonato. *Adios.*

Il ragazzo gli disse: — Grazie, — senza trovar
5 altre parole, uscì con la sua sacca, e congedatosi dalla
sua piccola guida, si mise lentamente in cammino
verso la Boca, pieno di tristezza e di stupore, a
traverso alla grande città rumorosa.

Tutto quello che gli accadde da quel momento fino
10 alla sera del giorno appresso gli rimase poi nella
memoria confuso ed incerto come una fantasticheria
di febbricitante, tanto egli era stanco, sconturbato,
avvilito. E il giorno appresso, all'imbrunire, dopo
aver dormito la notte in una stanzuccia d'una casa
15 della Boca, accanto a un facchino del porto, — dopo
aver passata quasi tutta la giornata, seduto sopra un
mucchio di travi, e come trasognato, in faccia a
migliaia di bastimenti, di barconi e di vaporini, — si
trovava a poppa d'una grossa barca a vela, carica di
20 frutte, che partiva per la città di Rosario, ondotta
da tre robusti genovesi abbronzati dal sole; la voce
dei quali, è il dialetto amato che parlavano gli rimise
un po' di conforto nel cuore.

Partirono, e il viaggio durò tre giorni e quattro notti,
25 e fu uno stupore continuo per il piccolo viaggiatore.
Tre giorni e quattro notti su per quel meraviglioso
fiume Paranà, rispetto al quale il nostro grande Po
non è che un rigagnolo, e la lunghezza dell' Italia,
quadruplicata, non raggiunge quella del suo corso.
30 Il barcone andava lentamente a ritroso di quella

massa d'acqua smisurata. Passava in mezzo a lunghe isole, già nidi di serpenti e di tigri, coperte d'aranci e di salici, simili a boschi galleggianti; e ora infilava stretti canali, da cui pareva che non potesse più uscire; ora sboccava in vaste distese d' acque, dell'aspetto di grandi laghi tranquilli; poi daccapo fra le isole, per i canali intricati d' un arcipelago, in mezzo a mucchi enormi di vegetazione. Regnava un silenzio profondo. Per lunghi tratti, le rive e le acque solitarie e vastissime davan l' immagine d'un fiume sconosciuto, in cui quella povera vela fosse la prima al mondo ad avventurarsi. Quanto più s'avanzavano, e tanto più quel mostruoso fiume lo sgomentava. Egli immaginava che sua madre si trovasse alle sorgenti, e che la navigazione dovesse durare degli anni. Due volte al giorno mangiava un po' di pane e di carne salata coi barcaioli, i quali, vedendolo triste, non gli rivolgevan mai la parola. La notte dormiva sopra coperta, e si svegliava ogni tanto, bruscamente, stupito della luce limpidissima della luna che imbiancava le acque immense e le rive lontane; e allora il cuore gli si serrava. — Cordova! — Egli ripeteva quel nome: — Cordova! — come il nome d' una di quelle città misteriose, delle quali aveva inteso parlare nelle favole. Ma poi pensava: — Mia madre è passata di qui, ha visto queste isole, quelle rive, — e allora non gli parevan più tanto strani e solitarii quei luoghi in cui lo sguardo di sua madre s' era posato.... La notte, uno dei barcaiuoli cantava. Quella voce gli rammentava le canzoni di sua madre, quando l' addormentava bambino. L' ultima notte, all'udir quel canto, singhiozzò. Il barcaiuolo s'inter-

ruppe. Poi gli gridò: — Animo, animo, *figœu!* Che
diavolo! Un genovese che piange perchè è lontano
da casa! I genovesi girano il mondo gloriosi e trion-
fanti! — E a quelle parole egli si riscosse, sentì la
5 voce del sangue genovese, e rialzò la fronte con alterezza, battendo il pugno sul timone. — Ebbene, sí —
disse, tra sè, — dovessi anch' io girare tutto il mondo,
viaggiare ancora per anni e anni, e fare delle centinaia
di miglia a piedi, io andrò avanti, fin che troverò mia
10 madre. Dovessi arrivare moribondo, e cascar morto
ai suoi piedi! Pur che io la riveda una volta! Co·
raggio! — E con quest' animo arrivò allo spuntar d'un
mattino rosato e freddo di fronte alla città di Rosario,
posta sulla riva alta del Paranà, dove si specchiavan
15 nelle acque le antenne imbandierate di cento bastimenti d'ogni paese.

Poco dopo sbarcato, salì alla città, con la sua sacca
alla mano, a cercare un signore argentino per cui il
suo protettore della Boca gli aveva rimesso un bi-
20 glietto di visita con qualche parola di raccomandazione. Entrando in Rosario gli parve d'entrare in
una città già conosciuta. Erano quelle vie interminabili, diritte, fiancheggiate di case basse e bianche, at-
traversate in tutte le direzioni, al di sopra dei tetti,
25 da grandi fasci di fili telegrafici e telefonici, che parevano enormi ragnateli; e un gran trepestìo di gente,
di cavalli, di carri. La testa gli si confondeva: credette quasi di rientrare a Buenos Aires, e di dover
cercare un' altra volta il cugino. Andò attorno per
30 quasi un' ora, svoltando e risvoltando, e sembrandogli
sempre di tornar nella medesima via; e a furia di do·

mandare trovò la casa del suo nuovo protettore. Tirò il campanello. S'affacciò alla porta un grosso uomo biondo, arcigno, che aveva l'aria d'un fattore, e che gli domandò sgarbatamente, con pronunzia straniera:

— Chi vuoi? · 5

Il ragazzo disse il nome del padrone.

— Il padrone, — rispose il fattore, — è partito ieri sera per Buenos Aires con tutta la sua famiglia.

Il ragazzo restò senza parola.

Poi balbettò: — Ma io.... non ho nessuno qui! Sono 10 solo! — E porse il biglietto.

Il fattore lo prese, lo lesse e disse burberamente: — Non so che farci. Glielo darò fra un mese, quando ritornerà.

— Ma io, io son solo! io ho bisogno! — esclamò il 15 ragazzo, con voce di preghiera.

— Eh! andiamo, — disse l'altro; — non ce n'è ancora abbastanza della gramigna del tuo paese a Rosario! Vattene un po' a mendicare in Italia.

E gli chiuse il cancello sulla faccia. 20

Il ragazzo restò là come impietrato.

Poi riprese lentamente la sua sacca, ed uscì, col cuore angosciato, con la mente in tumulto, assalito a un tratto da mille pensieri affannosi. Che fare? dove andare? Da Rosario a Cordova c'era una giornata 25 di strada ferrata. Egli non aveva più che poche lire. Levato quello che gli occorreva di spendere quel giorno, non gli sarebbe rimasto quasi nulla. Dove trovare i denari per pagarsi il viaggio? Poteva lavorare. Ma come, a chi domandar lavoro? Chieder 30 l'elemosina! Ah! no, essere respinto, insultato, umiliato come poc'anzi, no, mai, mai più, piuttosto mo-

rire! — E a quell' idea, e al riveder davanti a sè la lunghissima via che si perdeva lontano nella pianura sconfinata, si sentì fuggire un' altra volta il coraggio, gettò la sacca sul marciapiede, vi sedette su con le
5 spalle al muro, e chinò il viso tra le mani, senza pianto, in un atteggiamento desolato.

La gente l' urtava coi piedi passando; i carri empivan la via di rumore; alcuni ragazzi si fermarono a guardarlo. Egli rimase un pezzo così.
10   Quando fu scosso da una voce che gli disse tra in italiano e in lombardo: — Che cos' hai, ragazzetto?

Alzò il viso a quelle parole, e subito balzò in piedi gettando un' esclamazione di meraviglia: — Voi qui!

Era il vecchio contadino lombardo, col quale aveva
15 fatto amicizia nel viaggio.

La meraviglia del contadino non fu minore della sua. Ma il ragazzo non gli lasciò il tempo d' interrogarlo, e gli raccontò rapidamente i casi suoi. — Ora son senza soldi, ecco; bisogna che lavori; trovatemi
20 voi del lavoro da poter mettere insieme qualche lira; io faccio qualunque cosa; porto roba, spazzo le strade, posso far commissioni, anche lavorare in campagna; mi contento di campare di pan nero; ma che possa partir presto, che possa trovare una volta mia madre,
25 fatemi questa carità, del lavoro, trovatemi voi del lavoro, per amor di Dio, che non ne posso più!

— Diamine, diamine, — disse il contadino, guardandosi attorno e grattandosi il mento. — Che storia
30 è questa!... Lavorare... è presto detto. Vediamo un po'. Che non ci sia mezzo di trovar trenta lire fra tanti *patriotti?*

Il ragazzo lo guardava, confortato da un **raggio**
di speranza.

— Vieni con me, — gli disse il contadino.

— Dove? — domandò il ragazzo, ripigliando **la**
sacca.

— Vieni con me.

Il contadino si mosse, Marco lo seguì, fecero un
lungo tratto di strada insieme, senza parlare. Il
contadino si fermò alla porta d' un' osteria che
aveva per insegna una stella e scritto sotto: — *La* 10
estrella de Italia; — mise il viso dentro e voltandosi
verso il ragazzo disse allegramente: — Arriviamo in
buon punto. — Entrarono in uno stanzone, dov' eran
varie tavole, e molti uomini seduti, che bevevano,
parlando forte. Il vecchio lombardo s'avvicinò alla 15
prima tavola, e dal modo come salutò i sei avventori
che ci stavano intorno, si capiva ch' era stato in loro
compagnia fino a poco innanzi. Erano rossi in viso
e facevan sonare i bicchieri, vociando e ridendo.

— Camerati, — disse senz'altro il lombardo, re- 20
stando in piedi, e presentando Marco; — c' è qui un
povero ragazzo nostro *patriotta*, che è venuto solo da
Genova a Buenos Aires a cercare sua madre. A
Buenos Aires gli dissero: — Qui non c' è; è a Cordova — Viene in barca a Rosario, tre dì e tre notti, 25
con due righe di raccomandazione; presenta la carta:
gli fanno una figuraccia. Non ha la croce d' un centesimo. È qui solo come un disperato. E un *bagai*
pieno di cuore. Vediamo un poco. Non ha da trovar tanto da pagare il biglietto per andare a Cordova 30
a trovar sua madre? L' abbiamo da lasciar qui **come**
un cane?

— Mai al mondo, perdio! — Mai non sarà detto
questo! — gridarono tutti insieme, battendo il pugno
sul tavolo. — Un *patriotta* nostro! — Vieni qua, piccolino. — Ci siamo noi, gli emigranti! — Guarda che
5 bel monello. — Fuori dei quattrini camerati. — Bravo!
Venuto solo! Hai del fegato! — Bevi un sorso, *patriotta*. — Ti manderemo da tua madre, non pensare. —
E uno gli dava un pizzicotto alla guancia, un altro gli
batteva la mano sulla spalla, un terzo lo liberava dalla
10 sacca; altri emigranti s'alzarono dalle tavole vicine e
s'avvicinarono; la storia del ragazzo fece il giro del-
l'osteria; accorsero dalla stanza accanto tre avventori
argentini; e in meno di dieci minuti il contadino lombardo che porgeva il cappello, ci ebbe dentro quaran-
15 tadue lire. — Hai visto, — disse allora, voltandosi verso
il ragazzo, — come si fa presto in America? — Bevi!
— gli gridò un altro, porgendogli un bicchiere di
vino: — Alla salute di tua madre! — Tutti alzarono
i bicchieri. — E Marco ripetè: — Alla salute di mia....
20 — Ma un singhiozzo di gioia gli chiuse la gola, e rimesso il bicchiere sulla tavola, si gettò al collo del
suo vecchio.

La mattina seguente, allo spuntare del giorno, egli
era già partito per Cordova, ardito e ridente, pieno di
25 presentimenti felici. Ma non c'è allegrezza che regga
a lungo davanti a certi aspetti sinistri della natura. Il
tempo era chiuso e grigio; il treno, presso che vuoto,
correva a traverso a un'immensa pianura priva d'ogni
segno d'abitazione. Egli si trovava solo in un vagone
30 lunghissimo, che somigliava a quelli dei treni per i
feriti. Guardava a destra, guardava a sinistra, e non

vedeva che una solitudine senza fine, sparsa di piccoli alberi deformi, dai tronchi e dai rami scontorti, in atteggiamenti non mai veduti, quasi d'ira e d'angoscia; una vegetazione scura, rada e trista, che dava alla pianura l'apparenza d'uno sterminato cimitero. Son- 5 necchiava mezz'ora, tornava a guardare: era sempre lo stesso spettacolo. Le stazioni della strada ferrata eran solitarie, como case di eremiti; e quando il treno si fermava, non si sentiva una voce; gli pareva di tro- varsi solo in un treno, perduto, abbandonato in mezzo 10 a un deserto. Gli sembrava che ogni stazione dovesse esser l'ultima, e che s'entrasse dopo quella nelle terre misteriose e spaurevoli dei selvaggi. Una brezza gelata gli mordeva il viso. Imbarcandolo a Genova sul finir d'aprile, i suoi non avevan pensato che in America 15 egli avrebbe trovato l'inverno, e l'avean vestito da estate. Dopo alcune ore, incominciò a soffrire il freddo, e col freddo, la stanchezza dei giorni passati, pieni di commozioni violente, e delle notti insonni e tra- vagliate. Si addormentò, dormì lungo tempo, si sve- 20 gliò intirizzito; si sentiva male. E allora gli prese un vago terrore di cader malato e di morir per viaggio, e d'esser buttato là in mezzo a quella pianura deso- lata, dove il suo cadavere sarebbe stato dilaniato dai cani e dagli uccelli di rapina, come certi corpi di 25 cavalli e di vacche che vedeva tratto tratto accanto alla strada, e da cui torceva lo sguardo con ribrezzo. In quel malessere inquieto, in mezzo a quel silenzio tetro della natura, la sua immaginazione s'eccitava e volgeva al nero. Era poi ben sicuro di trovarla, a 30 Cordova, sua madre? E se non ci fosse stata? Se quel signore di via delle Arti avesse sbagliato? E se

fosse morta? In questi pensieri si riaddormentò, sognò d'essere a Cordova di notte, e di sentirsi gridare da tutte le porte e da tutte le finestre: — Non c'è! Non c'è! Non c'è!; — si risvegliò di sobbalzo, atter-
5 rito, e vide in fondo al vagone tre uomini barbuti, rav- volti in scialli di vari colori, che lo guardavano, par- lando basso tra di loro; e gli balenò il sospetto che fossero assassini e lo volessero uccidere, per rubargli la sacca. Al freddo, al malessere gli s'aggiunse la paura;
10 la fantasia già turbata gli si stravolse; — i tre uomini lo fissavano sempre, — uno di essi mosse verso di lui; — allora egli smarrì la ragione, e correndogli incontro con le braccia aperte, gridò: — Non ho nulla. Sono un povero ragazzo. Vengo dall'Italia, vo a cercar
15 mia madre, son solo; non mi fate del male! — Quelli capirono subito, n'ebbero pietà, lo carezzarono e lo racquetarono, dicendogli molte parole che non inten- deva; e vedendo che batteva i denti dal freddo, gli misero addosso uno dei loro scialli, e lo fecero risedere
20 perchè dormisse. E si riaddormentò, che imbruniva. Quando lo svegliarono, era a Cordova.

Ah! che buon respiro tirò, e con che impeto si cac- ciò fuori del vagone! Domandò a un impiegato della stazione dove stesse di casa l'ingegner Mequinez: que-
25 gli disse il nome d'una chiesa: — la casa era accanto alla chiesa; — il ragazzo scappò via. Era notte. Entrò in città. E gli parve d'entrare in Rosario un' altra volta, al veder quelle strade diritte, fiancheggiate di piccole case bianche, e tagliate da altre strade
30 diritte e lunghissime. Ma c'era poca gente, e al chi- arore dei rari lampioni incontrava delle facce strane,

d'un colore sconosciuto, tra nerastro e verdognolo, e alzando il viso a quando a quando, vedeva delle chiese d'architettura bizzarra che si disegnavano enormi e nere sul firmamento.   La città era oscura e silenziosa; ma dopo aver attraversato quell'immenso deserto, gli pareva allegra.   Interrogò un prete, trovò presto la chiesa e la casa, tirò il campanello con una mano tremante, e si premette l'altra sul petto per comprimere i battiti del cuore, che gli saltava alla gola.

Una vecchia venne ad aprire, con un lume in mano.

Il ragazzo non potè parlar subito.

— Chi cerchi? — domandò quella, in ispagnuolo.

— L' ingegnere Mequinez, — disse Marco.

La vecchia fece l'atto d'incrociar le braccia sul seno, e rispose dondolando il capo. — Anche tu, dunque, l' hai con l'ingegnere Mequinez!   E mi pare che sarebbe tempo di finirla.   Son tre mesi oramai che ci seccano.   Non basta che l' abbiano detto i giornali.   Bisognerà farlo stampare sulle cantonate che il signor Mequinez è andato a stare a Tucuman!

Il ragazzo fece un gesto di disperazione.   Poi diede in uno scoppio di rabbia. — È una maledizione dunque!   Io dovrò morire per la strada senza trovare mia madre!   Io divento matto, m'ammazzo!   Dio mio!   Come si chiama quel paese?   Dov' è?   A che distanza è?

— Eh, povero ragazzo, — rispose la vecchia, impietosita, — una bagattella!   Saranno quattrocento o cinquecento miglia, a metter poco.

Il ragazzo si coprì il viso con le mani; poi demandò con un singhiozzo: — E ora.... come faccio?

— Che vuoi che ti dica, povero figliuolo, — rispose la donna; — io non so.

Ma subito le balenò un'idea e soggiunse in fretta: — Senti, ora che ci penso. Fa una cosa. Svolta a
5 destra per la via, troverai alla terza porta un cortile; c' è un *capataz*, un commerciante, che parte domattina per Tucuman con le sue *carretas* e i suoi bovi; va a vedere se ti vuol prendere, offrendogli i tuoi servizi; ti darà forse un posto sur un carro; va subito.
10 Il ragazzo afferrò la sacca, ringraziò scappando, e dopo due minuti si trovò in un vasto cortile rischiarato da lanterne, dove vari uomini lavoravano a caricar sacchi di frumento sopra certi carri enormi, simili a case mobili di saltimbanchi, col tetto rotondo
15 e le ruote altissime; ed un uomo alto e baffuto, ravvolto in una specie di mantello a quadretti bianchi e neri, con due grandi stivali, dirigeva il lavoro. Il ragazzo s'avvicinò a questo, e gli fece timidamente la sua domanda, dicendo che veniva dall' Italia e che
20 andava a cercare sua madre.

Il *capataz*, che vuol dir capo (il capo conduttore di quel convoglio di carri), gli diede un'occhiata da capo a piedi, e rispose seccamente: — Non ci ho posto.
25 — Io ho quindici lire, — rispose il ragazzo, supplichevole; — do' le mie quindici lire. Per viaggio lavorerò. Andrò a pigliar l'acqua e la biada per le bestie, farò tutti i servizi. Un poco di pane mi basta. Mi faccia un po' di posto, signore!
30 Il *capataz* tornò a guardarlo, e rispose con miglior garbo: — Non c'è posto…. e poi…. noi non andiamo a Tucuman, andiamo a un'altra città, Santiago del-

l' Estero. A un certo punto ti dovremmo lasciare, e avresti ancora un gran tratto da far a piedi.

—Ah! io ne farei il doppio! — esclamò Marco; — io camminerò, non ci pensi; arriverò in ogni maniera; mi faccia un po' di posto, signore, per carità, per carità non mi lasci qui solo!

— Bada che è un viaggio di venti giorni!

— Non importa.

— È un viaggio duro!

— Sopporterò tutto.

— Dovrai viaggiar solo!

— Non ho paura di nulla. Purchè ritrovi mia madre. Abbia compassione!

Il *capataz* gli accostò al viso una lanterna e lo guardò. Poi disse: — Sta bene.

Il ragazzo gli baciò la mano.

— Stanotte dormirai in un carro, — soggiunse il *capataz*, lasciandolo; — domattina alle quattro ti sveglierò. *Buenas noches.*

La mattina alle quattro, al lume delle stelle, la lunga fila dei carri si mise in movimento con grande strepito: ciascun carro tirato da sei bovi, seguiti tutti da un gran numero di animali di ricambio. Il ragazzo, svegliato e messo dentro a un dei carri, sui sacchi, si riaddormentò subito, profondamente. Quando si svegliò, il convoglio era fermo in un luogo solitario, sotto il sole, e tutti gli uomini — i *peones* — stavan seduti in cerchio intorno a un quarto di vitello, che arrostiva all' aria aperta, infilato in una specie di spadone piantato in terra, accanto a un gran foco agitato dal vento. Mangiarono tutti insieme, dormirono e poi ripartirono; e così il viaggio continuò, regolato come una marcia di soldati. Ogni mattina si mettevano in cammino alle cinque, si fermavano alle nove, ripartivano alle cinque della sera, tornavano a fermarsi alle dieci. I *peones* andavano a cavallo e 5 stimolavano i buoi con lunghe canne. Il ragazzo accendeva il fuoco per l'arrosto, dava da mangiare alle bestie, ripuliva le lanterne, portava l'acqua da bere. Il paese gli passava davanti come una visione indistinta: vasti boschi di piccoli alberi bruni; villaggi di 10 poche case sparse, con le facciate rosse e merlate; vastissimi spazi, forse antichi letti di grandi laghi salati, biancheggianti di sale fin dove arrivava la vista; o da ogni parte e sempre, pianura, solitudine, silenzio. Rarissimamente incontravano due o tre 15 viaggiatori a cavallo, seguiti da un branco di cavalli sciolti, che passavano di galoppo, come un turbine. I giorni eran tutti eguali, come sul mare; uggiosi e interminabili. Ma il tempo era bello. Senonchè i *peones*, come se il ragazzo fosse stato il loro servitore 20 obbligato, diventavano di giorno in giorno più esigenti: alcuni lo trattavano brutalmente, con minacce; tutti si facevan servire senza riguardi; gli facevan portare carichi enormi di foraggi; lo mandavan a pigliar acqua a grandi distanze; ed egli, rotto dalla fa- 25 tica, non poteva nemmen dormire la notte, scosso continuamente dai sobbalzi violenti del carro e dallo scricchiolìo assordante delle ruote e delle sale di legno. E per giunta, essendosi levato il vento, una terra fina, rossiccia e grassa, che avvolgeva ogni cosa, penetrava 30 nel carro, gli entrava sotto i panni, gli empiva gli occhi e la bocca, gli toglieva la vista e il respiro, continua, opprimente, insopportabile. Sfinito dalle fatiche e dall' insonnia, ridotto lacero e sudicio, rimbrottato e malmenato dalla mattina alla sera, il povero ragazzo s'avviliva ogni giorno di più, e si sarebbe perduto d'animo affatto se il *capataz* non gli avesse rivolto di tratto in tratto qualche buona parola. Spesso, in un cantuccio del carro, non veduto, piangeva col viso contro la sua sacca, la quale non conteneva più che dei cenci. Ogni mattina si levava più debole e più scoraggito, e guardando la campagna, vedendo sempre quella pianura sconfinata e implacabile, come un oceano di terra, diceva tra sè: — Oh! fino a questa sera non arrivo, fino a questa sera non arrivo! Quest' oggi muoio per la strada! — E le fatiche crescevano, i mali trattamenti raddoppiavano. Una mattina, perchè aveva tardato a portar l'acqua, in assenza del *capataz*, uno degli uomini lo percosse. E allora cominciarono a farlo per vezzo, quando gli davano un ordine, a misurargli uno scapaccione, dicendo: — Insacca questo, vagabondo! — Porta questo a tua madre! — Il cuore gli scoppiava; — ammalò; — stette tre giorni nel carro, con una coperta addosso, battendo la febbre, e non vedendo nessuno, fuori che il *capataz*, che veniva a dargli da bere e a toccargli il polso. E allora si credette perduto, e invocava disperatamente sua madre, chiamandola cento volte per nome: — Oh mia madre! madre mia! Aiutami! Vienmi incontro che muoio! O povera madre mia, che non ti vedrò mai più! Povera madre mia, che mi troverai morto per la strada! — E giungeva le mani sul petto e pregava. Poi migliorò, grazie alle cure del *capataz*, e guarì; ma con la guarigione sopraggiunse il giorno più terribile del suo viaggio, il giorno

in cui doveva rimaner solo. Da più di due settimane
erano in cammino. Quando arrivarono al punto dove
dalla strada di Tucuman si stacca quella che va a Santiago dell' Estero, il *capataz* gli annunciò che dovevano separarsi. Gli diede qualche indicazione intorno
al cammino, gli legò la sacca sulle spalle in modo che
non gli desse noia a camminare, e tagliando corto,
come se temesse di commuoversi, lo salutò. Il ragazzo fece appena in tempo a baciargli un braccio.
Anche gli altri uomini, che lo avevano maltrattato
così duramente, parve che provassero un po' di pietà
a vederlo rimaner così solo, e gli fecero un cenno
d' addio, allontanandosi. Ed egli restituì il saluto
con la mano, stette a guardar il convoglio fin che si
perdette nel polverìo rosso della campagna, e poi si
mise in cammino, tristamente.

Una cosa, per altro, lo riconfortò un poco, fin da
principio. Dopo tanti giorni di viaggio a traverso a
quella pianura sterminata e sempre eguale, egli
vedeva davanti a sè una catena di montagne altissime,
azzurre, con le cime bianche, che gli rammentavano
le Alpi, e gli davan come un senso di ravvicinamento
al suo paese. Erano le Ande, la spina dorsale del
continente Americano, la catena immensa che si
stende dalla Terra del fuoco fino al mare glaciale del
polo artico per cento e dieci gradi di latitudine. Ed
anche lo confortava il sentire che l'aria si veniva
facendo sempre più calda; e questo avveniva perchè,
risalendo verso settentrione, egli si andava avvicinando alle regioni tropicali. A grandi distanze trovava dei piccoli gruppi di case, con una botteguccia;
e comprava qualche cosa da mangiare. Incontrava

degli uomini a cavallo; vedeva ogni tanto delle donne
e dei ragazzi seduti in terra, immobili e gravi, delle
faccie nuove affatto per lui, color di terra, con gli
occhi obbliqui, con l'ossa delle guance sporgenti; i
quali lo guardavano fisso, e lo accompagnavano con 5
lo sguardo, girando il capo lentamente, come automi.
Erano Indiani.   Il primo giorno camminò fin che gli
ressero le forze, e dormì sotto un albero.   Il secondo
giorno camminò assai meno, e con minor animo.
Aveva le scarpe rotte, i piedi spellati, lo stomaco 10
indebolito dalla cattiva nutrizione.   Verso sera s'in-
cominciava a impaurire.   Aveva inteso dire in Italia
che in quei paesi c'eran dei serpenti: credeva di
sentirli strisciare, s'arrestava, pigliava la corsa, gli
correvan dei brividi nelle ossa.   A volte lo prendeva 15
una grande compassione di sè, e piangeva in silenzio,
camminando.   Poi pensava: — Oh quanto soffrirebbe
mia madre se sapesse che ho tanta paura! — e questo
pensiero gli ridava coraggio.   Poi, per distrarsi dalla
paura, pensava a tante cose di lei, si richiamava alla 20
mente le sue parole di quand' era partita da Genova,
e l'atto con cui soleva accomodargli le coperte sotto il
mento, quando era a letto, e quando era bambino, che
alle volte se lo pigliava fra le braccia, dicendogli: —
Sta un po' qui con me, — e stava così molto tempo, 25
col capo appoggiato sul suo, pensando, pensando.
E le diceva tra sè: — Ti rivedrò un giorno, cara
madre ?   Arriverò alla fine del mio viaggio, madre
mia ? — E camminava, camminava, in mezzo ad
alberi sconosciuti, a vaste piantagioni di canne da 30
zucchero, a praterie senza fine, sempre con quelle
grandi montagne azzurre davanti, che tagliavano il

cielo sereno coi loro altissimi coni. Quattro giorni —
cinque — una settimana passò. Le forze gli andavan
rapidamente scemando, i piedi gli sanguinavano.
Finalmente, una sera al cader del sole, gli dissero: —
5 Tucuman è a cinque miglia di qui. — Egli gittò un
grido di gioia, e affrettò il passo, come se avesse r.ac-
quistato in un punto tutto il vigore perduto. Ma fu
una breve illusione. Le forze lo abbandonarono a un
tratto, e cadde sull' orlo d'un fosso, sfinito. Ma il
10 cuore gli batteva dalla contentezza. Il cielo, fitto di
stelle splendidissime, non gli era mai parso così bello.
Egli le contemplava, adagiato sull' erba per dormire,
e pensava che forse nello stesso tempo anche sua
madre le guardava. E diceva: — O madre mia, dove
15 sei? che cosa fai in questo momento? Pensi al tuo
figliuolo? Pensi al tuo Marco, che ti è tanto vicino?

Povero Marco, s'egli avesse potuto vedere in quale
stato si trovava sua madre in quel punto avrebbe fatto
uno sforzo sovrumano per camminare ancora, e arri-
20 var da lei qualche ora prima. Era malata, a letto, in
una camera a terreno d'una casetta signorile, dove
abitava tutta la famiglia Mequinez; la quale le aveva
posto molto affetto e le faceva grande assistenza. La
povera donna era già malaticcia quando l'ingegnere
25 Mequinez aveva dovuto partire improvvisamente da
Buenos Aires, e non s'era punto rimessa colla buon'-
aria di Cordova. Ma poi, il non aver più ricevuto
risposta alle sue lettere nè dal marito nè dal cugino,
il presentimento sempre vivo di qualche grande di-
30 sgrazia, l'ansietà continua in cui era vissuta, incerta
tra il partire e il restare, aspettando ogni giorno una

notizia funesta, l'avevano fatta peggiorare fuor di
modo. Da ultimo, le s'era manifestata una malattia
gravissima: un'ernia intestinale strozzata. Da quindici giorni non s'alzava da letto. Era necessaria
un'operazione chirurgica per salvarle la vita. E in 5
quel momento appunto, mentre il suo Marco la invocava, stavano accanto al suo letto il padrone e la padrona di casa, a ragionarla con molta dolcezza perchè si
lasciasse operare, ed essa persisteva nel rifiuto, piangendo. Un bravo medico di Tucuman era già venuto 10
la settimana prima, inutilmente. — No, cari signori,
— essa diceva, — non mette conto; non ho più forza
di resistere; morirei sotto i ferri del chirurgo. È
meglio che mi lascino morir così. Non ci tengo più
alla vita oramai. Tutto è finito per me. È meglio 15
che muoia prima di sapere cos'è accaduto della mia
famiglia. — E i padroni a dirle di no, che si facesse
coraggio, che alle ultime lettere mandate a Genova
direttamente avrebbe ricevuto risposta, che si lasciasse
operare, che lo facesse per i suoi figliuoli. Ma quel 20
pensiero dei suoi figliuoli non faceva che aggravare di
maggior angoscia lo scoraggiamento profondo che la
prostrava da lungo tempo. A quelle parole scoppiava
in pianto. — Oh i miei figliuoli! i miei figliuoli! —
esclamava, giungendo le mani; — forse non ci sono 25
più! È meglio che muoia anch'io. Li ringrazio,
buoni signori, li ringrazio di cuore. Ma è meglio che
muoia. Tanto non guarirei neanche con l'operazione,
ne sono sicura. Grazie di tante cure, buoni signori.
È inutile che dopo domani torni il medico. Voglio 30
morire. È destino ch'io muoia qui. Ho deciso. —
E quelli ancora a consolarla, a ripeterle: — No, non

dite questo; — e a pigliarla per le mani e a pregarla.
Ma essa allora chiudeva gli occhi, sfinita, e cadeva
in un assopimento, che pareva morta. E i padroni
restavano lì un po' di tempo, alla luce fioca d'un
5 lumicino, a guardare con grande pietà quella madre
ammirabile, che per salvare la sua famiglia era venuta
a morire a seimila miglia dalla sua patria, a morire
dopo aver tanto penato, povera donna, così onesta,
così buona, così sventurata.

10 Il giorno dopo, di buon mattino, con la sua sacca
sulle spalle, curvo e zoppicante, ma pieno d'animo,
Marco entrava nella città di Tucuman, una delle più
giovani e delle più floride città della Repubblica
Argentina. Gli parve di revedere Cordova, Rosario,
15 Buenos Aires: erano quelle stesse vie diritte e lunghissime, e quelle case basse e bianche; ma da ogni
parte una vegetazione nuova e magnifica, un'aria
profumata, una luce meravigliosa, un cielo limpido e
profondo, come egli non l'aveva mai visto neppure in
20 Italia. Andando innanzi per le vie, riprovò l'agitazione febbrile che lo aveva preso a Buenos Aires;
guardava le finestre e le porte di tutte le case; guardava tutte le donne che passavano, con una speranza
affannosa di incontrar sua madre; avrebbe voluto
25 interrogar tutti, e non osava fermar nessuno. Tutti,
di sugli usci, si voltavano a guardar quel povero
ragazzo stracciato e polveroso, che mostrava di venir
di tanto lontano. Ed egli cercava fra la gente un
viso che gl'ispirasse fiducia, per rivolgergli quella
30 tremenda domanda, quando gli caddero gli occhi
sopra un'insegna di bottega, su cui era scritto un

nome italiano. C'era dentro un uomo con gli occhiali e due donne. Egli s'avvicinò lentamente alla porta, e fatto un animo risoluto, domandò: — Mi saprebbe dire, signore, dove sta la famiglia Mequinez?

— Dell' *ingeniero* Mequinez? — domandò il bot- 5 tegaio alla sua volta.

— Dell' ingegnere Mequinez, — rispose il ragazzo, con un fil di voce.

— La famiglia Mequinez, — disse il bottegaio, — non è a Tucuman. 10

Un grido di disperato dolore, come d'una persona pugnalata, fece eco a quelle parole.

Il bottegaio e le donne s'alzarono, alcuni vicini accorsero. — Che c'è? che hai, ragazzo? — disse il bottegaio, tirandolo nella bottega e facendolo sedere; 15 — non c'è da disperarsi, che diavolo! I Mequinez non son qui, ma poco lontano, a poche ore da Tucuman!

— Dove? dove? — gridò Marco, saltando su come un resuscitato.

— A una quindicina di miglia di qua, — continuò 20 l'uomo, — in riva al Saladillo, in un luogo dove stanno costruendo una grande fabbrica da zucchero, un gruppo di case, c'è la casa del signor Mequinez, tutti lo sanno, ci arriverai in poche ore.

— Ci son stato io un mese fa, — disse un giovane 25 che era accorso al grido.

Marco lo guardò con gli occhi grandi e gli domandò precipitosamente impallidendo: — Avete visto la donna di servizio del signor Mequinez, l'italiana?

— La *jenovesa?* L'ho vista. 30

Marco ruppe in un singhiozzo convulso, tra di riso e di pianto.

Poi con un impeto di risoluzione violenta: — Dove si passa, presto, la strada, parto subito, insegnatemi la strada!

— Ma c'è una giornata di marcia, — gli dissero 5 tutti insieme, — sei stanco, devi riposare, partirai domattina.

— Impossibile! Impossibile! — rispose il ragazzo. — Ditemi dove si passa, non aspetto più un momento, parto subito, dovessi morire per via!

10 Vistolo irremovibile, non s'opposero più. — Dio t'accompagni, — gli dissero. — Bada alla via per la foresta. — Buon viaggio, *italianito*. — Un uomo l'accompagnò fuori di città, gli indicò il cammino, gli diede qualche consiglio e stette a vederlo partire. In 15 capo a pochi minuti, il ragazzo scomparve, zoppicando, con la sua sacca sulle spalle, dietro agli alberi folti che fiancheggiavan la strada.

Quella notte fu tremenda per la povera inferma. Essa aveva dei dolori atroci, che le strappavan degli 20 urli da rompersi le vene, e le davan dei momenti di delirio. Le donne che l'assistevano, perdevan la testa. La padrona accorreva di tratto in tratto, sgomentata. Tutti cominciarono a temere che, se anche si fosse decisa a lasciarsi operare, il medico che doveva 25 venire la mattina dopo, sarebbe arrivato troppo tardi. Nei momenti che non delirava, però, si capiva che il suo più terribile strazio non erano i dolori del corpo, ma il pensiero della famiglia lontana. Smorta, disfatta, col viso mutato, si cacciava le mani nei capelli con un 30 atto di disperazione che passava l'anima, e gridava: — Dio mio! Dio mio! Morire tanto lontana, morire senza rivederli! I miei poveri figliuoli, che rimangono senza madre, le mie creature, il povero sangue mio! Il mio Marco, che è ancora così piccolo, alto così, tanto buono e affettuoso! Voi non sapete che ragazzo era! Signora, se sapesse! Non me lo potevo staccare dal collo quando son partita, singhiozzava da far compassione, singhiozzava; pareva che lo sapesse che non avrebbe mai più rivisto sua madre, povero Marco, povero bambino mio! Credevo che mi scoppiasse il cuore! Ah se fossi morta allora, morta mentre mi diceva addio! morta fulminata fossi! Senza madre, povero bambino, lui che m'amava tanto, che aveva tanto bisogno di me, senza madre, nella miseria, dovrà andare accattando, lui, Marco, Marco mio, che tenderà la mano, affamato! Oh! Dio eterno! No! Non voglio morire! Il medico! Chiamatelo subito! Venga, mi tagli, mi squarci il seno, mi faccia impazzire, ma mi salvi la vita! Voglio guarire, voglio vivere, partire, fuggire, domani, subito! Il medico! Aiuto! Aiuto! — E le donne le afferravan le mani, la palpavano, pregando, la facevano tornare in sè a poco a poco, e le parlavan di Dio e di speranza. E allora essa ricadeva in un abbattimento mortale, piangeva, con le mani nei capelli grigi, gemeva come una bambina, mettendo un lamento prolungato, e mormorando di tratto in tratto: — Oh la mia Genova! La mia casa! Tutto quel mare!... Oh Marco mio, il mio povero Marco! Dove sarà ora, la povera creatura mia!

Era mezzanotte; e il suo povero Marco, dopo aver passato molte ore sulla sponda d'un fosso, stremato di forze, camminava allora attraverso a una foresta

vastissima di alberi giganteschi, mostri della vegetazione, dai fusti smisurati, simili a pilastri di cattedrali,
che intrecciavano a un' altezza meravigliosa le loro
enormi chiome margentate dalla luna. Vagamente,
5 in quella mezza oscurità, egli vedeva miriadi di tronchi
di tutte le forme, ritti, inclinati, scontorti, incrociati
in atteggiamenti strani di minaccia e di lotta; alcuni
rovesciati a terra, come torri cadute tutte d'un pezzo,
e coperti d'una vegetazione fitta e confusa, che pareva
10 una folla furente che se li disputasse a palmo a palmo;
altri raccolti in grandi gruppi, verticali e serrati come
fasci di lancie titaniche, di cui la punta toccasse le
nubi; una grandezza superba, un disordine prodigioso
di forme colossali, lo spettacolo più maestosamente
15 terribile che gli avesse mai offerto la natura vegetale.
A momenti lo prendeva un grande stupore. Ma
subito l'anima sua si rilanciava verso sua madre. Ed
era sfinito, coi piedi che facevan sangue, solo in mezzo
a quella formidabile foresta, dove non vedeva che a
20 lunghi intervalli delle piccole abitazioni umane, che
ai piedi di quegli alberi parevan nidi di formiche, e
qualche bufalo addormentato lungo la via; era sfinito,
ma non sentiva la stanchezza: era solo e non aveva
paura. La grandezza della foresta ingrandiva l'anima
25 sua; la vicinanza di sua madre gli dava la forza e la baldanza d'un uomo; la ricordanza dell'oceano, degli sgomenti, dei dolori sofferti e vinti, delle fatiche durate,
della ferrea costanza spiegata, gli facean alzare la
fronte; tutto il suo forte e nobile sangue genovese gli
30 rifluiva al cuore in un'onda ardente d'alterezza e d'audacia. E una cosa nuova seguiva in lui: che mentre
fino allora aveva portata nella mente un'immagine

della madre oscurata e sbiadita un poco da quei due
anni di lontananza, in quei momenti quell'immagine
gli si chiariva; egli rivedeva il suo viso intero e netto
come da lungo tempo non l'aveva visto più; lo rivedeva vicino, illuminato, parlante; rivedeva i movi- 5
menti più sfuggevoli dei suoi occhi e delle sue labbra,
tutti i suoi atteggiamenti, tutti i suoi gesti, tutte le
ombre de' suoi pensieri; e sospinto da quei ricordi
incalzanti, affrettava il passo; e un nuovo affetto, una
tenerezza indicibile gli cresceva, gli cresceva nel cuore, 10
facendogli correre giù pel viso delle lacrime dolci e
quiete; e andando avanti nelle tenebre, le parlava, le
diceva le parole che le avrebbe mormorate all'orecchio
tra poco: — Son qui, madre mia, eccomi qui, — non
ti lascerò mai più; torneremo a casa insieme, e io ti 15
starò sempre accanto sul bastimento, stretto a te, e
nessuno mi staccherà mai più da te, nessuno, mai più,
fin che avrai vita! — E non s'accorgeva intanto che
sulle cime degli alberi giganteschi andava morendo
la luce argentina della luna nella bianchezza delicata 20
dell'alba.

Alle otto di quella mattina il medico di Tucuman,
— un giovane argentino, — era già al letto della malata, in compagnia d'un assistente, a tentare per
l'ultima volta di persuaderla a lasciarsi operare; e 25
con lui ripetevano le più calde istanze l'ingegnere
Mequinez e la sua signora. Ma tutto era inutile. La
donna, sentendosi esausta di forze, non aveva più
fede nell'operazione; essa era certissima o di morire
sull'atto o di non sopravvivere che poche ore, dopo 30
d'aver sofferto invano dei dolori più atroci di quelli

che la dovevano uccidere naturalmente. Il medico
badava a ridirle: — Ma l'operazione è sicura, ma la
vostra salvezza è certa, purchè ci mettiate un po' di
coraggio! Ed. è egualmente certa la vostra morte se
5 vi rifiutate! — Eran parole buttate via. — No, — essa
rispondeva, con la voce fioca, — ho ancora coraggio
per morire; ma non ne ho più per soffrire inutilmente.
Grazie, signor dottore. È destinato così. Mi lasci
morir tranquilla. — Il medico, scoraggito, desistette.
10 Nessuno parlò più. Allora la donna voltò il viso verso
la padrona, e le fece con voce di moribonda le sue
ultime preghiere. — Cara, buona signora, — disse a
gran fatica, singhiozzando, — lei manderà quei pochi
denari e le mie povere robe alla mia famiglia.... per
15 mezzo del signor Console. Io spero che sian tutti
vivi. Il cuore mi predice bene in questi ultimi momenti. Mi farà la grazia di scrivere.... che ho sempre pensato a loro, che ho sempre lavorato per loro....
per i miei figliuoli..:... e che il mio solo dolore fu di
20 non rivederli più.... ma che son morta con coraggio....
rassegnata.... benedicendoli; e che raccomando a mio
marito.... e al mio figliuolo maggiore.... il più piccolo,
il mio povero Marco.... che l'ho avuto in cuore fino
all'ultimo momento.... — Ed esaltandosi tutt' a un
25 tratto, gridò giungendo le mani: — Il mio Marco! il
mio bambino! La vita mia!... — Ma girando gli occhi
pieni di pianto, vide che la padrona non c'era più:
eran venuti a chiamarla furtivamente. Cercò il padrone: era sparito. Non restavan più che le due in-
30 fermiere e l'assistente. Si sentiva nella stanza vicina
un rumore affrettato di passi, un mormorio di voci
rapide e sommesse, e d'esclamazioni rattenute. La

malata fissò sull'uscio gli occhi velati, aspettando.
Dopo alcuni minuti vide comparire il medico, con un
viso insolito; poi la padrona e il padrone, anch'essi
col viso alterato.   Tutti e tre la guardarono con un'
espressione singolare, e si scambiarono alcune parole 5
a bassa voce.   Le parve che il medico dicesse alla
signora: — Meglio subito. — La malata non capiva.

— Iosefa, — le disse la padrona con la voce tremante. — Ho una buona notizia da darvi.   Preparate
il cuore a una buona notizia.   10

La donna la guardò attentamente.

— Una notizia, — continuò la signora, sempre più
agitata, — che vi darà una grande gioia.

La malata dilatò gli occhi.

— Preparatevi, — proseguì la padrona, — a vedere 15
una persona.... a cui volete molto bene.

La donna alzò il capo con un scatto vigoroso, e
cominciò a guardare rapidamente ora la signora, ora
l'uscio, con gli occhi sfolgoranti.

— Una persona, — soggiunse la signora, impalli- 20
dendo, — arrivata or ora .... inaspettatamente.

— Chi è? — gridò la donna con una voce strozzata
e strana, come di persona spaventata.

Un istante dopo gittò un grido altissimo, balzando
a sedere sul letto, e rimase immobile, con gli occhi 25
spalancati e con le mani alle tempie, come davanti a
un'apparizione sovrumana.

Marco, lacero e polveroso, era là ritto sulla soglia,
trattenuto per un braccio dal dottore.

La donna urlò tre volte: — Dio! Dio! Dio mio!   30

Marco si slanciò avanti, essa protese le braccia
scarne, e serrandolo al seno con la forza d'una tigre,

scoppiò in un riso violento, rotto da profondi singhiozzi senza lagrime, che la fecero ricader soffocata sul cuscino.

Ma si riprese subito e gridò pazza di gioia, tempestandogli il capo di baci! — Come sei qui? Perchè tu? Come sei cresciuto! Chi t'ha condotto? Sei solo? Non sei malato? Sei tu, Marco! Non è un sogno! Dio mio! Parlami! — Poi cambiando tuono improvvisamente: — No! Taci! Aspetta! — E voltandosi verso il medico, a precipizio: — Presto, subito, dottore. Voglio guarire. Son pronta. Non perda un momento. Conducete via Marco che non senta. Marco mio, non è nulla. Mi racconterai. Ancora un bacio. Va. Eccomi qui dottore.

Marco fu portato via. I padroni e le donne uscirono in fretta; rimasero il chirurgo e l'assistente che chiusero la porta.

Il signor Mequinez tentò di tirar Marco in una stanza lontana; ma fu impossibile; egli parea inchiodato al pavimento.

— Cosa c'è? — domandò — Cos' ha mia madre? Cosa le fanno?

E allora il Mequinez, piano, tentando sempre di condurlo via: — Ecco. Senti. Ora ti dirò. Tua madre è malata, bisogna farle una piccola operazione, ti spiegherò tutto, vieni con me.

— No, — rispose il ragazzo, impuntandosi, — voglio star qui. Mi spieghi qui.

L'ingegnere ammontava parole su parole, tirandolo; il ragazzo cominciava a spaventarsi e a tremare.

A un tratto un grido acutissimo, come il grido d'un ferito a morte, risonò in tutta la casa.

Il ragazzo rispose con un altro grido disperato: —
Mia madre è morta!

Il medico comparve sull'uscio e disse: — Tua madre
è salva.

Il ragazzo lo guardò un momento e poi si gettò ai 5
suoi piedi singhiozzando: — Grazie, dottore!

Ma il dottore lo rialzò d'un gesto, dicendo: —Levati!... Sei tu, eroico fanciullo, che hai salvato tua
madre.

ESTATE.

24, mercoledì.

Marco il genovese è il penultimo piccolo eroe di cui 10
facciamo conoscenza quest'anno: non ne resta che
uno per il mese di giugno. Non ci son più che due
esami mensili, ventisei giorni di lezione, sei giovedì e
cinque domeniche. Si sente già l'aria della fine dell'anno. Gli alberi del giardino, fronzuti e fioriti, fanno 15
una bell' ombra sugli attrezzi della ginnastica. Gli
scolari sono già vestiti da estate. È bello ora veder
l' uscita delle classi, com' è tutto diverso dai mesi
scorsi. Le capigliature che toccavan le spalle sono
andate giù: tutte le teste sono rapate; si vedono 20
gambe nude e colli nudi; cappellini di paglia d'ogni
forma, con dei nastri che scendon fin sulle schiene;
camicie e cravattine di tutti i colori; tutti i più piccoli con qualche cosa addosso di rosso o d'azzurro, una
mostra, un orlo, una nappina, un cencino di color vivo 25
appiccicato pur che sia dalla mamma, perchè faccia
figura, anche i più poveri; e molti vengono alla
scuola senza cappello, come scappati di casa. Alcuni
portano il vestito bianco della ginnastica. C'è un

ragazzo della maestra Delcati che è tutto rosso da
capo a piedi, come un gambero cotto. Parecchi sono
vestiti da marinai. Ma il più bello è il muratorino
che ha messo su un cappellone di paglia, che gli dà
5 l' aria d' una mezza candela col paralume, ed è un
ridere a vedergli fare il muso di lepre là sotto. Coretti
anche ha smesso il suo berretto di pel di gatto e
porta un vecchio berretto di seta grigia da viaggiatore. Votini ha una specie di vestimento alla scoz-
10 zese, tutto attillato; Crossi mostra il petto nudo;
Precossi sguazza dentro a un camiciotto turchino da
fabbro ferraio. E Garoffi? Ora che ha dovuto
lasciare il mantellone, che nascondeva il suo commercio, gli rimangono scoperte bene tutte le tasche
15 gonfie d'ogni sorta di carabattole da rigattiere, e gli
spuntan fuori le liste delle lotterie. Ora tutti lascian
vedere quello che portano: dei ventagli fatti con
mezza gazzetta, dei bocciuoli di canna, delle freccie
da tirare agli uccelli, dell' erba, dei maggiolini che
20 sbucan fuor delle tasche e vanno su pian piano per le
giacchette. Molti di quei piccoli portano dei mazzetti
di fiori alle maestre. Anche le maestre son tutte
vestite da estate, di colori allegri; fuorchè la " monachina " che è sempre nera; e la maestrina della penna
25 rossa ha sempre la sua penna rossa, e un nodo di nastri
rosa al collo, tutti sgualciti dalle zampette dei suoi
scolari, che la fanno sempre ridere e correre. È la
stagione delle ciliegie, delle farfalle, delle musiche sui
viali e delle passeggiate in campagna; molti di quarta
30 scappano già a bagnarsi nel Po; tutti hanno già il
cuore alle vacanze; ogni giorno si esce dalla scuola
più impazienti e contenti del giorno innanzi.

GIUGNO.

Venerdì, 16.

Ora siamo in piena estate, tutti cominciano a essere
· stanchi, hanno tutti perduto i bei colori rosati della
primavera; i colli e le gambe s'assottigliano, le teste
ciondolano e gli occhi si chiudono. Il povero Nelli,
che patisce molto il caldo e ha fatto un viso di cera, 5
s'addormenta qualche volta profondamente, col capo
sul quaderno; ma Garrone sta sempre attento a mettergli davanti un libro aperto e ritto perchè il maestro
non lo veda. Crossi appoggia la sua zucca rossa sul
banco in un certo modo, che par distaccata dal busto 10
e messa lì. Nobis si lamenta che ci siamo troppi e
che gli guastiamo l'aria. Ah! che forza bisogna farsi
ora per istudiare! Io guardo dalle finestre di casa
quei begli alberi che fanno un'ombra così scura, dove
andrei a correre tanto volentieri e mi vien tristezza e 15
rabbia di dovermi andar a chiudere tra i banchi. Ma
poi mi fo animo a veder la mia buona madre che mi
guarda sempre, quando esco dalla scuola, per veder se
son pallido; e mi dice a ogni pagina di lavoro: — Ti
senti ancora? — e ogni mattina alle sei, svegliandomi, 20
per la lezione: — Coraggio! Non ci son più che tanti
giorni: poi sarai libero e riposerai, andrai all'ombra

dei viali. — Sì, essa ha ben ragione a rammentarmi i
ragazzi che lavoran nei campi sotto la sferza del sole,
o tra le ghiaie bianche dei fiumi, che accecano e scot-
tano, e quelli delle fabbriche di vetro, che stanno
5 tutto il giorno immobili, col viso chinato sopra una
fiamma di gas; e si levan tutti più presto di noi e non
hanno vacanze. Coraggio, dunque! E anche in
questo è il primo di tutti Derossi, che non soffre nè
caldo nè sonno, vivo sempre, allegro coi suoi riccioli
10 biondi, com'era d'inverno, e studia senza fatica e tien
desti tutti intorno a sè, come se rinfrescasse l'aria
con la sua voce. E ci sono due altri pure, sempre
svegli e attenti: quel cocciuto di Stardi, che si punge
il muso per non addormentarsi e quanto più è stanco
15 e fa caldo, e tanto più stringe i denti e spalanca gli
occhi, che par che si voglia mangiare il maestro; e
quel trafficone di Garoffi tutto affaccendato a fabbri-
care ventagli di carta rossa ornati con figurine di
scatole di fiammiferi, che vende a due centesimi l'uno.
20 Ma il più bravo è Coretti; povero Coretti che si leva
alle cinque per aiutare suo padre a portar legna! Alle
undici, nella scuola, non può più tenere gli occhi
aperti, e gli casca il capo sul petto. E nondimeno si
riscuote, si dà delle manate nella nuca, domanda il
25 permesso d'uscire per lavarsi il viso, si fa scrollare e
pizzicottare dai vicini. Ma tanto questa mattina non
potè reggere e s'addormentò d'un sonno di piombo.
Il maestro lo chiamò forte: — Coretti! — Egli non
sentì. Il maestro, irritato, ripetè: — Coretti! — Al-
30 lora il figliuolo del carbonaio che gli sta accanto di
casa, s'alzò e disse: — Ha lavorato dalle cinque alle
sette a portar fascine. — Il maestro lo lasciò dormire,

e continuò a far lezione per una mezz'ora. Poi andò al banco da Coretti e piano piano, soffiandogli nel viso, lo svegliò. A vedersi davanti il maestro si fece indietro impaurito. Ma il maestro gli prese il capo fra le mani e gli disse baciandolo sui capelli: — Non ti rimprovero, figliuol mio Non è mica il sonno della pigrizia il tuo; è il sonno della fatica.

IN CAMPAGNA.

19, *lunedì.*

Il mio buon padre mi lasciò andare alla scampagnata che si era combinata mercoledì col padre di Coretti, il rivenditor di legna. Ne avevamo tutti bisogno d'una boccata d'aria di collina. Fu una festa. Ci trovammo ieri alle due in piazza dello Statuto, Derossi, Garrone, Garoffi, Precossi, padre e figlio Coretti, ed io con le nostre provviste di frutte, di salsicciotti e d'ova sode: avevamo anche delle barchette di cuoio e dei bicchieri di latta: Garrone portava una zucca con dentro del vino bianco; Coretti, la fiaschetta da soldato di suo padre, piena di vino nero; e il piccolo Precossi, col suo camiciotto di fabbro ferraio, teneva sotto il braccio una pagnotta di due chilogrammi. S'andò in omnibus fino alla Gran Madre di Dio, e poi su, alla lesta, per i colli. C'era un verde, un'ombra, un fresco! Andavamo rivoltoni nell'erba, mettevamo il viso nei rigagnoli, saltavamo a traverso alle siepi. Coretti padre ci seguitava di lontano, con la giacchetta sulle spalle, fumando con la sua pipa di gesso, e di tanto in tanto ci minacciava con la mano che non ci facessimo delle buche nei calzoni. Precossi zufolava; non l'avevo mai sentito zufolare. Co-

retti figlio faceva di tutto, strada facendo; sa far di
tutto, quell'ometto lì, col suo coltelluccio a cricco,
lungo un dito: delle rotine da molino, delle forchette,
degli schizzatoi; e voleva portar la roba degli altri,
5 era carico che grondava sudore; ma sempre svelto
come un capriolo. Derossi si fermava ogni momento
a dirci i nomi delle piante e degli insetti: io non so
come faccia a saper tante cose. E Garrone mangiava
del pane, in silenzio; ma non ci attacca mica più quei
10 morsi allegri d'una volta, povero Garrone, dopo che
ha perduto sua madre. È sempre lui, però, buono
come il pane: quando uno di noi pigliava la rincorsa
per saltare un fosso, egli correva dall'altra parte a
tendergli le mani; e perchè Precossi aveva paura delle
15 vacche, chè da piccolo è stato cozzato, ogni volta che
ne passava una, Garrone gli si parava davanti. Andammo su fino a Santa Margherita, e poi giù per le
chine a salti, a rotoloni. Precossi, inciampando in un
cespuglio, si fece uno strappo al camiciotto, e restò lì
20 vergognoso col suo brindello ciondoloni; ma Garoffi,
che ha sempre degli spilli nella giacchetta, glielo ap-
puntò che non si vedeva, mentre quegli badava a dirgli: — Scusami, scusami; — e poi ricominciò, a correre. Garoffi non perdeva il suo tempo, per via:
25 coglieva delle erbe da insalata, delle lumache, e ogni
pietra che luccicasse un po', se la metteva in tasca,
pensando che ci fosse dentro dell'oro o dell'argento.
E avanti a correre, a ruzzolare, a rampicarsi, all'ombra e al sole, su e giù per tutti i rialzi e le scorciatoie,
30 fin che arrivammo scalmanati e sfiatati sulla cima d'
una collina, dove ci sedemmo a far merenda, sull'erba.
Si vedeva una pianura immensa, e tutte le Alpi az-

zurre con le cime bianche. Morivamo tutti di fame,
il pane pareva che fondesse. Coretti padre ci porgeva le porzioni di salsicciotto su delle foglie di zucca.
E allora cominciammo a parlare tutti insieme, dei
maestri, dei compagni che non avevan potuto venire, 5
e degli esami. Precossi si vergognava un poco a mangiare, e Garrone gli ficcava in bocca il meglio della
sua parte, di viva forza. Coretti era seduto accanto a
suo padre, con le gambe incrociate: parevan piuttosto due fratelli, che padre e figlio, a vederli così vi- 10
cini, tutti e due rossi e sorridenti, con quei denti
bianchi. Il padre trincava con gusto, vuotava anche
le barchette e i bicchieri che noi lasciavamo ammez-
zati, e diceva: — A voi altri che studiate, il vino vi fa
male; sono i rivenditori di legna che n'han bisogno! 15
— Poi pigliava e scoteva per il naso il figliuolo, dicen-
doci: — Ragazzi, vogliate bene a questo qui, che è un
fior di galantuomo: son io che ve lo dico! — E tutti
ridevano, fuorchè Garrone. Ed egli seguitava, trin-
cando: — Peccato, eh! Ora siete tutti insieme, da 20
bravi camerati; e fra qualche anno, chi sa, Enrico e
Derossi saranno avvocati o professori, o che so io, e
voi altri quattro in bottega o a un mestiere, o chi sa
diavolo dove. E allora buona notte, camerati. — Che!
— rispose Derossi, — per me, Garrone sarà sempre 25
Garrone, Precossi sarà sempre Precossi, e gli altri lo
stesso, diventassi imperatore delle Russie; dove saranno loro, andrò io. — Benedetto! — esclamò Coretti
padre, alzando la fiaschetta; — così si parla, sagrestia!
Toccate qua! Viva i bravi compagni, e viva anche la 30
scuola, che vi fa una sola famiglia, quelli che ne hanno, e quelli che non ne hanno! — Noi toccammo tutti

la sua fiaschetta, con le barchette e i bicchieri, e bevemmo l'ultima volta. E lui: — Viva il quadrato del 49! — gridò levandosi in piedi e cacciando giù l'ultimo sorso; — e se avrete da far dei quadrati anche voi, badate di tener duro come noi altri, ragazzi! — Era già tardi: scendemmo correndo e cantando, e camminando per lunghi tratti tutti a braccetto, e arrivammo sul Po che imbruniva, e volavano migliaia di lucciole. E non ci separammo che in piazza dello Statuto, dopo aver combinato di trovarci tutti insieme domenica per andare al Vittorio Emanuele, a veder la distribuzione dei premi agli alunni delle scuole serali. Che bella giornata! Come sarei rientrato in casa contento se non avessi incontrato la mia povera maestra! La incontrai che scendeva le scale di casa nostra, quasi al buio, e appena mi riconobbe mi prese per tutt'e due le mani, e mi disse all'orecchio: — Addio, Enrico, ricordati di me! M'accorsi che piangeva. Salii, e lo dissi a mia madre: — Ho incontrato la mia maestra. — Andava a mettersi a letto, — rispose mia madre, che aveva gli occhi rossi. E poi soggiunse con grande tristezza, guardandomi fisso: — La tua povera maestra..... sta molto male.

NAUFRAGIO.

(Ultimo racconto mensile.)

Parecchi anni sono, una mattina del mese di dicembre, salpava dal porto di Liverpool un grande bastimento a vapore, che portava a bordo più di duecento persone, fra le quali settanta uomini d'equipaggio. Il capitano e quasi tutti i marinai erano

ínglesi. Fra i passeggieri si trovavano varii italiani:
tre signore, un prete, una compagnia di suonatori. Il
bastimento doveva andare all'isola di Malta. Il
tempo era oscuro.

In mezzo ai viaggiatori della terza classe, a prua, 5
c'era un ragazzo italiano d'una dozzina d'anni, piccolo per l'età sua, ma robusto; un bel viso ardimen-
toso e severo di siciliano. Se ne stava solo vicino
all'albero di trinchetto, seduto sopra un mucchio di
corde, accanto a una valigia logora, che conteneva la 10
sua roba, e su cui teneva una mano. Aveva il viso
bruno e i capelli neri e ondulati che gli scendevan
quasi sulle spalle. Era vestito meschinamente, con
una coperta lacera sopra le spalle e una vecchia borsa
di cuoio a tracolla. Guardava intorno a sè, pen- 15
sieroso, i passeggieri, il bastimento, i marinai che
passavan correndo, e il mare inquieto. Avea l'aspetto
d'un ragazzo uscito di fresco da una grande disgrazia
di famiglia: il viso d'un fanciullo, l'espressione d'un
uomo. 20

Poco dopo la partenza, uno dei marinai del bastimento, un italiano, coi capelli grigi, comparve a prua
conducendo per mano una ragazzina, e fermatosi
davanti al piccolo siciliano, gli disse: — Eccoti una
compagna di viaggio, Mario. 25

Poi se n'andò.

La ragazza sedette sul mucchio di corde, accanto al
ragazzo.

Si guardarono.

— Dove vai? — le domandò il siciliano. 30

La ragazza rispose: — A Malta, per Napoli.

Poi soggiunse: — Vado a ritrovar mio padre e mia

madre, che m'aspettano. Io mi chiamo Giulietta Faggiani.

Il ragazzo non disse nulla.

Dopo alcuni minuti tirò fuori dalla borsa del pane 5 e delle frutte secche; la ragazza aveva dei biscotti; mangiarono.

— Allegri! — gridò il marinaio italiano passando rapidamente. — Ora si comincia un balletto!

Il vento andava crescendo, il bastimento rullava 10 fortemente. Ma i due ragazzi, che non pativano il mal di mare, non ci badavano. La ragazzina sorrideva. Aveva presso a poco l'età del suo compagno, ma era assai più alta: bruna di viso, sottile, un po' patita, e vestita più che modestamente. Aveva i 15 capelli tagliati corti e ricciuti, un fazzoletto rosso intorno al capo e due cerchiolini d'argento alle orecchie.

Mangiando, si raccontarono i fatti loro. Il ragazzo non aveva più nè padre nè madre. Il padre, operaio, 20 gli era morto a Liverpool pochi dì prima, lasciandolo solo, e il console italiano aveva rimandato lui al suo paese, a Palermo, dove gli restavan dei parenti lontani. La ragazzina era stata condotta a Londra, l'anno avanti, da una zia vedova, che l'amava molto, 25 e a cui i suoi parenti, — poveri, — l'avevan concessa per qualche tempo, fidando nella promessa d'un'eredità; ma pochi mesi dopo la zia era morta schiacciata da un omnibus, senza lasciare un centesimo; e allora anch'essa era ricorsa al Console, che l'aveva imbar- 30 cata per l'Italia. Tutti e due erano stati raccomandati al marinaio italiano. — Così, — concluse la bambina, — mio padre e mia madre credevano che ritornassi ricca, e invece ritorno povera. Ma tanto mi voglion bene lo stesso. E i miei fratelli pure. Quattro ne ho, tutti piccoli. Io son la prima di casa. Li vesto. Faranno molta festa a vedermi. Entrerò in punta di piedi.... Il mare è brutto.

Poi domandò al ragazzo: — E tu vai a stare coi tuoi parenti?

— Sì.... se mi vorranno, — rispose.

— Non ti vogliono bene?

— Non lo so.

— Io compisco tredici anni a Natale, — disse la ragazza.

Dopo cominciarono a discorrere del mare e della gente che avevano intorno. Per tutta la giornata stettero vicini, barattando tratto tratto qualche parola. I passeggieri li credevano fratello e sorella. La bambina faceva la calza, il ragazzo pensava, il mare andava sempre ingrossando. La sera, al momento di separarsi per andar a dormire, la bambina disse a Mario: — Dormi bene. — Nessuno dormirà bene, poveri figliuoli! — esclamò il marinaio italiano passando di corsa, chiamato dal capitano. Il ragazzo stava per rispondere alla sua amica: — Buona notte, — quando uno spruzzo d'acqua inaspettato lo investì con violenza e lo sbattè contro un sedile. — Mamma mia, che fa sangue! — gridò la ragazza gettandosi sopra di lui. I passeggieri che scappavano sotto, non ci badarono. La bimba s'inginocchiò accanto a Mario, ch'era rimasto sbalordito dal colpo, gli pulì la fronte che sanguinava, e levatosi il fazzoletto rosso dai capelli glie lo girò intorno al capo, poi si strinse il capo sul petto per annodare le cocche, e così si fece una macchia di

sangue sul vestito giallo, sopra la cintura. Mario si riscosse, si rialzò. — Ti senti meglio? — domandò la ragazza. — Non ho più nulla, — rispose. — Dormi bene, — disse Giulietta. — Buona notte — rispose
5 Mario. — E discesero per due scalette vicine nei loro dormitori.

Il marinaio aveva predetto giusto. Non erano ancora addormentati, che si scatenò una tempesta spaventosa. Fu come un assalto improvviso di
10 cavalloni furiosi che in pochi momenti spezzarono un albero, e portaron via come foglie tre delle barche sospese alle gru e quattro bovi ch'erano a prua. Nell'interno del bastimento nacque una confusione e uno spavento, un rovinìo, un frastuono di grida, di
15 pianti e di preghiere, da far rizzare i capelli. La tempesta andò crescendo di furia tutta la notte. Allo spuntar del giorno crebbe ancora. Le onde formidabili, flagellando il piroscafo per traverso, irrompevano sopra coperta, e sfracellavano, spazzavano, travolgeva-
20 no nel mare ogni cosa. La piattaforma che copriva la macchina fu sfondata, e l'acqua precipitò dentro con un fracasso terribile, i fuochi si spensero, i macchinisti fuggirono; grossi rigagnoli impetuosi penetrarono da ogni parte. Una voce tonante gridò: — Alle pompe!
25 — Era la voce del capitano. I marinai si slanciarono alle pompe. Ma un colpo di mare subitaneo, percotendo il bastimento per di dietro, sfasciò parapetti e portelli, e cacciò dentro un torrente.

Tutti i passeggieri, più morti che vivi, s'erano
30 rifugiati nella sala grande.

A un certo punto comparve il capitano.

— Capitano! Capitano! — gridarono tutti insieme.

— Che si fa? Come stiamo? C'è speranza? Ci salvi!

Il capitano aspettò che tutti tacessero, e disse freddamente: — Rassegniamoci.

Una sola donna gettò un grido: — Pietà! — Nessun altri potè metter fuori la voce. Il terrore li 5 aveva agghiacciati tutti. Molto tempo passò così in un silenzio di sepolcro. Tutti si guardavano, coi visi bianchi. Il mare infuriava sempre, orrendo. Il bastimento rullava pesantemente. A un dato momento il capitano tentò di lanciare in mare una barca di salva- 10 mento: cinque marinai v'entrarono, la barca calò; ma l'onda la travolse, e due dei marinai s'annegarono, fra i quali l'italiano: gli altri a stento riuscirono a riafferrarsi alle corde e a risalire.

Dopo questo i marinai medesimi perdettero ogni 15 coraggio. Due ore dopo, il bastimento era già immerso nell'acqua fino all'altezza dei parasartie.

Uno spettacolo tremendo si presentava intanto sopra coperta. Le madri si stringevano disperatamente al seno i figliuoli, gli amici si abbracciavano e si dicevano 20 addio: alcuni scendevan sotto nelle cabine, per morire senza vedere il mare. Un viaggiatore si tirò un colpo di pistola al capo, e stramazzò bocconi sulla scala del dormitorio, dove spirò. Molti s'avvinghiavano freneticamente gli uni agli altri, delle donne si scontorcevano 25 in convulsioni orrende. Parecchi stavano inginocchiati intorno al prete. S'udiva un coro di singhiozzi, di lamenti infantili, di voci acute e strane, e si vedevan qua e là delle persone immobili come statue, istupidite, con gli occhi dilatati o senza sguardo, delle facce di 30 cadaveri e di pazzi. I due ragazzi, Mario e Giulietta, avviticchiati a un albero del bastimento, guardavano il mare con gli occhi fissi, come insensati.

Il mare s'era quetato un poco; ma il bastimento continuava a affondare, lentamente. Non rimanevan 5 più che pochi minuti.

— La scialuppa a mare! — gridò il capitano.

Una scialuppa, l'ultima che restava, fu gettata all'acqua, e quattordici marinai, con tre passeggieri, vi scesero.

10   Il capitano rimase a bordo.

— Discenda con noi! — gridarono di sotto.

— Io debbo morire al mio posto, — rispose il capitano.

— Incontreremo un bastimento, — gli gridarono 15 i marinai, — ci salveremo. Discenda. Lei è perduto.

— Io rimango.

— C'è ancora un posto! — gridarono allora i marinai, rivolgendosi agli altri passeggieri. — Una donna!

Una donna s'avanzò, sorretta dal capitano; ma vista 20 la distanza a cui si trovava la scialuppa, non si sentì il coraggio di spiccare il salto, e ricadde sopra coperta. Le altre donne eran quasi tutte già svenute e come moribonde.

— Un ragazzo! — gridarono i marinai.

25   A quel grido, il ragazzo siciliano e la sua compagna, ch'eran rimasti fino allora come pietrificati da uno stupore sovrumano, ridestati improvvisamente dal violento istinto della vita, si staccarono a un punto solo dall'albero e si slanciarono all'orlo del bastimento. 30 urlando a una voce: — A me! — e cercando di cacciarsi indietro a vicenda, come due belve furiose.

— Il più piccolo! — gridarono i marinai. — **La** barca è sopraccarica! Il più piccolo!

All'udir quella parola, la ragazza, come fulminata, lasciò cascare le braccia, e rimase immobile, guardando Mario con gli occhi morti.

Mario guardò lei un momento, — le vide la macchia di sangue sul petto, — si ricordò, — il lampo d'un'idea divina gli passò sul viso.

— Il più piccolo! — gridarono in coro i marinai, con imperiosa impazienza. — Noi partiamo!

E allora Mario, con una voce che non parea più la sua, gridò: — Lei è più leggiera. A te, Giulietta! Tu hai padre e madre! Io son solo! Ti do il mio posto Va giù!

— Gettala in mare! — gridarono i marinai.

Mario afferrò Giulietta alla vita e la gettò in mare.

La ragazza mise un grido e fece un tonfo; un marinaio l'afferrò per un braccio e la tirò su nella barca.

Il ragazzo rimase ritto sull'orlo del bastimento, cor. la fronte alta, coi capelli al vento, immobile, tranquillo, sublime.

La barca si mosse, e fece appena in tempo a scampare dal movimento vorticoso delle acque, prodotto dal bastimento che andava sotto, e che minacciò di travolgerla.

Allora la ragazza, rimasta fino a quel momento quasi fuori di senso, alzò gli occhi verso il fanciullo e diede in uno scroscio di pianto.

— Addio, Mario! — gli gridò fra i singhiozzi, con le braccia tese verso di lui.— Addio! Addio! Addio!

— Addio! — rispose il ragazzo, levando la mano in alto.

La barca s' allontanava velocemente sopra il mare agitato, sotto il cielo tetro. Nessuno gridava più sul
5 bastimento L'acqua lambiva già gli orli della coperta.

A un tratto il ragazzo cadde in ginocchio con le mani giunte e con gli occhi al cielo.

La ragazza si coperse il viso.
10 Quando rialzò il capo, girò uno sguardo sul mare: il bastimento non c'era più.

LUGLIO.

GLI ESAMI.

Èccoci finalmente agli esami. Per le vie intorno alla scuola non si sente parlar d' altro, da ragazzi, da padri, da madri, perfino dalle governanti: esami, punti, tema, media, rimandato, promosso; tutti dicono le stesse parole. Ieri mattina ci fu la composizione, questa mattina l' aritmetica. Era commovente veder tutti i parenti che conducevano i ragazzi alla scuola, dando gli ultimi consìgli per la strada, e molte madri che accompagnavano i figliuoli fin nei banchi, per guardare se c'era inchiostro nel calamaio e per provare la penna, e si voltavano ancora di sull' uscio a dire: — Coraggio! Attenzione! Mi raccomando! — Il nostro maestro assistente era Coatti, quello con la barbaccia nera, che fa la voce del leone e non castiga mai nessuno. C'era dei ragazzi bianchi dalla paura. Quando il maestro dissuggellò la lettera del Municipio, e tirò fuori il problema, non si sentiva un respiro. Dettò il problema forte, guardandoci ora l' uno ora l' altro con certi occhi terribili; ma si capiva che se avesse potuto dettare anche la soluzione, per farci promuovere tutti, ci avrebbe avuto un grande piacere. Dopo un' ora di

185

lavoro, molti cominciavano a affannarsi perchè il
problema era difficile! Uno piangeva. Crossi si dava
dei pugni nel capo. E non ci hanno mica colpa molti
di non sapere, poveri ragazzi, che non hanno avuto
5 molto tempo da studiare, e son stati trascurati dai
parenti. Ma c'era la provvidenza. Bisognava vedere
Derossi che moto si dava per aiutarli, come s'inge-
gnava per far passare una cifra e per suggerire un'o-
perazione, senza farsi scorgere, premuroso per tutti,
10 che pareva lui il nostro maestro. Anche Garrone, che
è forte in aritmetica, aiutava chi poteva, e aiutò perfin
Nobis, che trovandosi negli imbrogli, era tutto gentile. Stardi stette per più d'un'ora immobile, con gli
occhi sul problema e coi pugni alle tempie, e poi fece
15 tutto in cinque minuti. Il maestro girava tra i banchi dicendo: — Calma! calma! Vi raccomando la
calma! — E quando vedeva qualcuno scoraggiato,
per farlo ridere, e mettergli animo, spalancava la
bocca come per divorarlo, imitando il leone. Verso
20 le undici, guardando giù a traverso alle persiane,
vidi molti parenti che andavano e venivano per la
strada, impazienti; c'era il padre di Precossi, col
suo camiciotto turchino, scappato allora dall'officina,
ancora tutto nero nel viso. C'era la madre di Crossi,
25 l'erbaiola; la madre di Nelli, vestita di nero, che non
poteva star ferma. Poco prima di mezzogiorno arrivò
mio padre e alzò gli occhi alla mia finestra: caro
padre mio! A mezzogiorno tutti avevamo finito. E
fu uno spettacolo, all'uscita. Tutti incontro ai ragazzi
30 a domandare, a sfogliare i quaderni, a confrontare
coi lavori dei compagni. — Quante operazioni? —
Cos'è il totale? — E la sottrazione? — E la rispo-

sta? — E la virgola dei decimali? — Tutti i maestri andavano qua e là, chiamati da cento parti. Mio padre mi levò di mano subito la brutta copia, guardò e disse: — Va bene. — Accanto a noi c'era il fabbro Precossi che guardava pure il lavoro del suo figliolo, un po' inquieto, e non si raccapezzava. Si rivolse a mio padre: — Mi vorrebbe favorire il totale? — Mio padre lesse la cifra. Quegli guardò: combinava, — Bravo picciuo! — esclamò, tutto contento; e mio padre e lui si guardarono un momento, con un buon sorriso, come due amici; mio padre gli tese la mano, egli la strinse. E si separarono dicendo: — Al verbale. — Al verbale. Fatti pochi passi, udimmo una voce in falsetto che ci fece voltare il capo: — era il fabbro ferraio che cantava.

L'ULTIMO ESAME.

7, venerdì.

Questa mattina ci diedero gli esami verbali. Alle otto eravamo tutti in classe, e alle otto e un quarto cominciarono a chiamarci quattro alla volta nel camerone dove c'era un gran tavolo coperto d'un tappeto verde, e intorno il Direttore e quattro maestri, fra i quali il nostro. Io fui uno dei primi chiamati. Povero maestro! Come m'accorsi che ci vuol bene davvero, questa mattina. Mentre c'interrogavano gli altri, egli non aveva occhi che per noi; si turbava quando eravamo incerti a rispondere, si rasserenava quando davamo una bella risposta, sentiva tutto, e ci faceva mille cenni con le mani e col capo per dire: — bene — no, — sta attento, — più adagio, — coraggio. — Ci avrebbe suggerito ogni

cosa se avesse potuto parlare. Se al posto suo ci
fossero stati l' un dopo l' altro i padri di tutti gli
alunni, non avrebbero fatto di più. Gli avrei gri-
dato: — Grazie! — dieci volte, in faccia a tutti.
5 E quando gli altri maestri mi dissero: — Sta bene;
va pure, — gli scintillarono gli occhi dalla contentezza. Io tornai subito in classe ad aspettare mio
padre. C' erano ancora quasi tutti. Mi sedetti
accanto a Garrone. Non ero allegro, punto. Pen-
10 savo che era l'ultima volta che stavamo un'ora vicini! Non glielo avevo ancor detto a Garrone che
non avrei più fatto la quarta con lui, che dovevo
andar via da Torino con mio padre: egli non sapeva nulla. E se ne stava lì piegato in due, con
15 la sua grossa testa china sul banco, a fare degli
ornati intorno a una fotografia di suo padre, vestito
da macchinista, che è un uomo grande e grosso,
con un collo di toro, e ha un'aria seria e onesta,
come lui. E mentre stava così curvo, con la ca-
20 micia un poco aperta davanti, io gli vedevo sul
petto nudo e robusto la crocina d'oro che gli regalò
la madre di Nelli, quando seppe che proteggeva il
suo figliuolo. Ma bisognava pure che glielo dicessi
una volta che dovevo andar via. Glielo dissi: —
25 Garrone, quest' autunno mio padre andrà via da
Torino, per sempre. — Egli mi domandò se andavo
via anch'io; gli risposi di sì. — Non farai più la
quarta con noi? — mi disse. Risposi di no. E allora egli stette un po' senza parlare, continuando
30 il suo disegno. Poi domandò senza alzare il capo:
— Ti ricorderai poi dei tuoi compagni di terza? —
Sì, — gli dissi, — di tutti; ma di te...... più che di

tutti. Chi si può scordare di te ? — Egli mi guardò
fisso e serio con uno sguardo che diceva mille cose;
e non disse nulla; solo mi porse la mano sinistra,
fingendo di continuare a disegnare con l' altra, ed
io la strinsi tra le mie, quella mano forte e leale. In 5
quel momento entrò in fretta il maestro col viso
rosso, e disse a bassa voce e presto, con la voce allegra: — Bravi, finora va tutto bene, tirino avanti
così quelli che restano ; bravi, ragazzi ! Coraggio !
Sono molto contento. — E per mostrarci la sua 10
contentezza ed esilararci, uscendo in fretta, fece
mostra d' inciampare, e di trattenersi al muro per
non cadere: lui che non l'avevamo mai visto ridere!
La cosa parve così strana, che invece di ridere,
tutti rimasero stupiti; tutti sorrisero, nessuno rise 15
Ebbene, io non so, mi fece pena e tenerezza insieme
quell' atto di allegrezza da fanciullo. Era tutto il
suo premio quel momento d' allegrezza, era il compenso di nove mesi di bontà, di pazienza ed anche di
dispiaceri! Per quello aveva faticato tanto tempo, 20
ed era venuto tante volte a far lezione malato, povero maestro! Quello, e non altro, egli domandava
a noi in ricambio di tanto affetto e di tante cure!
E ora mi pare che lo rivedrò sempre così in quel
l'atto, quando mi ricorderò di lui, per molti anni; e 25
se quando sarò un uomo, egli vivrà ancora, e c'incontreremo, glielo dirò, di quell' atto che mi toccò il
cuore; e gli darò un bacio sulla testa bianca.

ADDIO.

                                        10, *lunedì.*

Al tocco ci trovammo tutti per l' ultima volta alla
scuola a sentire i risultati degli esami e a pigliare 30

i libretti di promozione. La strada era affollata
di parenti, che avevano invaso anche il camerone,
e molti erano entrati nelle classi, pigiandosi fino
accanto al tavolino del maestro: nella nostra riem-
5 pivano tutto lo spazio fra il muro e i primi banchi.
C' era il padre di Garrone, la madre di Derossi, il
fabbro Precossi, Coretti, la signora Nelli, l' erbaiola,
il padre del muratorino, il padre di Stardi, molti
altri che non avevo mai visti; e si sentiva da tutte
10 le parti un bisbiglio, un brulichìo, che pareva d'essere
in una piazza. Entrò il maestro: si fece un grande
silenzio. Aveva in mano l'elenco, e cominciò a
leggere subito. — Abatucci, promosso, sessanta settantesimi; Archini, promosso, cinquantacinque set-
15 tantesimi. — Il muratorino promosso, Crossi promosso. Poi lesse forte: — Derossi Ernesto promosso,
settanta settantesimi, e il primo premio. — Tutti i
parenti ch'eran lì, che lo conoscevan tutti, dissero:
— Bravo, bravo, Derossi! — ed egli diede una
20 scrollata ai suoi riccioli biondi, col suo sorriso disinvolto e bello, guardando sua madre, che gli fece
un saluto con la mano. Garoffi, Garrone, il calabrese, promossi. Poi tre o quattro di seguito ri-
mandati, e uno si mise a piangere perchè suo padre
25 ch'era sull'uscio, gli fece un gesto di minaccia.
Ma il maestro disse al padre: — No, signore, mi
scusi; non è sempre colpa, è sfortuna molte volte.
E questo è il caso. — Poi lesse: — Nelli, promosso,
sessantadue settantesimi. — Sua madre gli mandò un
30 bacio col ventaglio. Stardi promosso con sessanta-
sette settantesimi; ma a sentire quel bel voto, egli
non sorrise neppure, e non staccò i pugni dalle

tempie. L' ultimo fu Votini, che era venuto tutto ben vestito e pettinato: promosso. Letto ·l' ultimo, il maestro si alzò e disse: — Ragazzi, questa è l' ultima volta che ci troviamo riuniti. Siamo stati insieme un anno, e ora ci lasciamo buoni amici, 5 non è vero? Mi rincresce di separarmi da voi, cari figliuoli. — S'interruppe; poi ripigliò: — Se qualche volta m'è scappata la pazienza, se qualche volta, senza volerlo, sono stato ingiusto, troppo severo, scusatemi. — No, no, — dissero i parenti e molti 10 scolari, — no, signor maestro, mai. — Scusatemi, — ripetè il maestro, — e vogliatemi bene. L' anno venturo non sarete più con me, ma vi rivedrò, e rimarrete sempre nel mio cuore. A rivederci, ragazzi! — Detto questo venne avanti in mezzo a 15 noi, e tutti gli tesero le mani, rizzandosi sui banchi, lo presero per le braccia e per le falde del vestito; molti lo baciarono; cinquanta voci insieme dissero: — A rivederlo, maestro! — Grazie, signor maestro! — Stia bene! — Si ricordi di noi! — Quando uscì, 20 pareva oppresso dalla commozione. Uscimmo tutti, alla rinfusa. Da tutte le altre classi uscivan pure. Era un rimescolamento, un gran chiasso di ragazzi e di parenti che dicevano addio ai maestri e alle maestre e si salutavan fra loro. La maestra della 25 penna rossa aveva quattro o cinque bambini addosso e una ventina attorno, che le levavano il fiato; e alla " monachina ,, avevan mezzo strappato il cappello, e ficcato una dozzina di mazzetti tra i bottoni del vestito nero e nelle tasche. Molti facevano festa 30 a Robetti che proprio quel giorno aveva smesso per la prima volta le stampelle. Si sentiva dire da tutte

le parti. — Al nuovo anno ! — Ai venti d'ottobre !
— A rivederci ai Santi ! — Noi pure ci salutammo.
Ah ! come si dimenticavano tutti i dissapori in quel
momento ! Votini che era sempre stato così geloso
5 di Derossi, fu il primo a gettarglisi incontro con le
braccia aperte. Io salutai il muratorino e lo baciai
proprio nel momento che mi faceva il suo ultimo
muso di lepre, caro ragazzo! Salutai Precossi, salutai Garoffi, che mi annunziò la vincita alla sua
10 ultima lotteria e mi diede un piccolo calcafogli di
maiolica, rotto da un canto; dissi addio a tutti gli
altri. Fu bello vedere il povero Nelli, come s' avvi-
ticchiò a Garrone, che non lo potevan più staccare.
Tutti s' affollarono intorno a Garrone, e addio Gar-
15 rone, addio, a rivederci, e lì a toccarlo, a stringerlo,
a fargli festa, a quel bravo, santo ragazzo; e c'era
suo padre tutto meravigliato, che guardava e sorrideva. Garrone fu l' ultimo che abbracciai, nella
strada, e soffocai un singhiozzo contro il suo petto:
20 egli mi baciò sulla fronte. Poi corsi da mio padre
e da mia madre. Mio padre mi domandò : — Hai
salutati tutti i tuoi compagni ! — Dissi di sì. — Se
c'è qualcuno a cui tu abbia fatto un torto, vagli a
dire che ti perdoni e che lo dimentichi. C' è nes-
25 suno ? — Nessuno, — risposi. — E allora addio! —
disse mio padre, con la voce commossa, dando un
ultimo sguardo alla scuola. E mia madre ripetè:
— addio! — E io non potei dir nulla.

NOTES.

(Heavy-faced figures refer to pages; ordinary figures, to the lines.)

1.—2. quei. The regular plural is *quelli*, but before a consonant (except *z* or impure *s*) it is changed to *quei*.

3. condusse; past definite of *condurre*.—**Sezione Baretti.** *Sezione* means district; here it is used for the public school itself, and is named after Giuseppe Marcantonio Baretti (1716–1789), a well-known Italian writer who lived a long time in England. In similar manner the public schools in other districts of Turin are named after Tasso, Boncompagni, etc. See p. 86.

4. **farmi inscrivere,** have my name registered. When the pronoun is joined to the infinitive, the final *e* of the latter is dropped. **terza elementare,** lower third class.

5. **pensavo.** The first person singular of the imperfect may end in *o*, although the usual ending is *a*. **di mala voglia,** unwillingly.

8 **saini,** knapsacks; translate here school-bags —**cartelle,** portfolios; cf. Ger. *Mappen* —**quaderni,** writing-books; Ger = *Hefte*.

10. **duravan fatica,** had difficulty.

11. **mi sentii toccare una spalla,** I felt some one touch me on the shoulder. The *mi* is dative of possession with *una spalla*.

13 **disse,** past definite of *dire*.

17 **nonne,** grandmothers.

19. **facendo un ronzio che pareva d'entrare in un teatro,** making a noise like that heard on entering the theatre.

21 **camerone,** augmentative of *camera*.

2.—2. **della prima superiore,** of the upper first class.

4. **nemmen**=nè meno. Note the doubling of the consonant; this always occurs when a monosyllable or word with accented final vowel is joined to another word.

6. **aveva intorno,** had around *him.* For the omission of the pronoun, cf French *venez avec,* and Ger. *Kommen Sie mit.*

10. **ripartizioni,** assignments.

13. **tirassero,** subjunctive with *bisognava;* cf. Fr. *falloir.*

15. **si mettevano,** began; cf. French *se mettre.*

✓16. **ripigliarseli,** take them away again; *ripigliare* is the same as *riprendere;* the *se* seems to be here an ethical dative.

19. **Alle dieci,** ten o'clock; *ore* is understood.

3.—3. **baciarle la mano,** cf. Fr. *lui baiser la main.*

7. **par.** for *pure,* the omission of final vowels, especially *e* and *o,* after the liquids *l, m n, r,* when the following word begins with a single consonant (not impure *s*) is frequent in Italian; cf. *vien* for *viene, buon* for *buono.*

10. **di tanto in tanto,** from time to time.

15. **volevan bene,** liked him.

16. **tornare con lui,** be back in his class.

22. **pareva che ne soffrisse,** he seemed to be pained at them. Note the subjunctive with *pareva.*

24. **mezzo ai.** Prepositions in Italian govern the noun directly, as *ad, per;* or the genitive, as *fuori di, davanti di;* or the dative, as *dietro a, mezzo a,* etc

25. **smise,** past definite of *smettere,* to cease. The *s* before an affirmative verb often has a negative force.

28. **In quel mentre,** in the meanwhile.

29. **fare la marionetta;** literally, "to play the puppet"; "cut up monkey shines."

4 —2. **ad aspettare,** expecting.

4. **Non lo far più;** the infinitive is used for the second person singular imperative in negative commands.

7. **Sentite,** listen.

8. **Vediamo,** let us try; cf. *vedrò di contentarlo,* I will try to satisfy him.

✓11. **scorso,** past participle of *scorrere,* flow, to pass by.

20. **detto di sì,** said yes, cf. Fr. *dire que oui.*

21. **dare il finis,** announce the close of school.—**Uscimmo,** past definite of *uscire.*

22. zitti zitti, very quietly. The reduplication adds emphasis.

26. L'anno, i.e , the school year, which begins toward the end of October.—**disgrazia** accident.

5.—6. s'udiva dire, we could hear the words. *Si*, like the Fr. *on* and the Ger. *Man*, is used indefinitely, and may be translated variously by *we, they, one*, and the passive.—**Al disopra**; cf. Fr. *au-dessus*.

11. Cos' = **cosa** = **che cosa**.

13. seconda, second class.

21. raccontavano, the third person plural is used indefinitely, as in the English " they say."

24. le corse incontro, ran to meet her.

26. Tutt'e due, both; cf Fr *toutes les deux*.

32. stettero, past definite of *stare*.—**si sentivano**, one could hear.

6.—7. aperse, past definite of *aprire;* the regular form *aprì* is also used.

9 gliela Before *lo, la, li, le, ne* the datives *gli* and *le* are changed to *glie*.

10 To Ethical dative.

18. coi capelli neri. Cf. the use of the definite article here with Fr. *avec les cheveux noirs*.

2 . vita. Here = that part of the body which extends from the waist to the shoulders.

23 se ne usci. The words *se ne* strengthen the idea of motion in the verb *uscì;* cf Fr *aller* = to go, *s'en a·ler* = to go away.

7.—8. metta. Subjunctive with *qualunque*.

10. Reggio di Calabria. A province in Italy, in Calabria, forming the extreme south of continental Italy, and chiefly surrounded by sea. The capital is Reggio, with a population of 19,088.

15. calabrese, the boy from Calabria.

26 Ricordatevi; *ricordarsi* is construed with the genitive as the Fr *se souvenir*.

27. potesse. Subjunctive of purpose with *perché*.

28. Torino. Turin is in the north of Italy, Reggio di Calabria in the south The allusion here is to the unification of Italy under Victor Emanuel and Count Camillo di Cavour.

8.—3. **bandiera tricolore.** The Italian flag consists of three colors—green, white, and red.

5. **stampa,** picture.

6. **francobollo,** postage-stamp.

11. **si vede quando sorride,** you can see that when he smiles.

13. **ne,** used pleonastically with *dei miei compagni.*

15. **maglia,** knit jacket.

17. **guerra del 66,** the war between Prussia and Austria, in which Italy sided with the former. King Victor Emanuel engaged to attack Austria on land with eighty thousand men, and Prussia bound herself by treaty not to make peace with Austria until Venetia should be ceded to Italy.

18. **principe Umberto,** eldest son of Victor Emanuel. On the death of his father, January 9, 1878, he ascended the throne as King Humbert I

21. **si leva sempre i peluzzi,** is always brushing his clothes; literally *si leva* = removes, and *peluzzi* = fine hairs or lint.

23. **muratorino,** little mason.

24. **a pallottola,** round as a ball.

26. **fare il muso di lepre,** literally " to make a face like a rabbit's "; translate "to make grimaces."

27. **cappello a cencio,** soft hat.

29. **coso,** gawky fellow.

9.—1. **naso a becco di civetta,** nose like an owl's beak.

8. **pallidino che par malato,** so pale that he looks ill.

12. **erbaggi,** vegetables.

14. **grugnone,** a surly fellow.

15. **senza batter palpebra,** without moving his eyes; *palpebra* = eyelid.

18. **tira un calcio,** gives a kick.

19. **trista,** wicked, cunning.

22. **a pennello,** to a hair.

10.—1. **si diede a conoscere appunto;** literally, gave himself to be known; i.e., showed his character. *Appunto* cannot always be easily translated; here *appunto questa mattina* means "this very morning "

8. **Lo stuzzicavano colle righe,** poked him with rulers.

9. **davan dello storpio,** called him cripple. *Dare* with the preposition *di* followed by a title means to call anyone by that title.

12 **stava a sentire,** kept listening.

22. **fece civetta,** ducked his head. Note the similarity of metaphor between the two expressions.

11.—5 **di scatto,** with a jump.

11 **perso,** past participle of *perdere; perduto* is another form of the same.

12. **S'alzino;** subjunctive for imperative; let those rise who, etc.

22. **a Garrone,** dative of possession.

23 **fattogli alzare il viso,** having made him lift his face. The absolute use of the past participle is very common in Italian.

25 **colto il momento,** choosing the proper moment. *Colto* is past participle of *cogliere* **non so che,** some; cf. Fr. *je ne sais quelles paroles.*

12.—1. **ci,** adverb of place = French *y*. Here it is tautological, meaning the same as *alla scuola.* The *ci* in the line below is the indirect pronoun "to us."

7. **piroscafo,** steamboat. Note the absence of capitals in *francese* and in *padovano* above ; only proper names have the capitals in Italian, and not the adjectives derived from them.

12. **guardando tutti con l'occhio torvo,** looking sullenly at every one.

17. **a furia di,** by means of ; cf. Fr. *à force de.*

20. **non sfamandolo mai.** *Sfamare* = to still one's hunger, translate, never giving him enough to eat.

22 **aguzzino,** literally = slave-driver ; used here figuratively for tyrannical master.

25 **Questore** chief of police (in the principal city of a province)

13.—3 **odiasse,** subjunctive with *pareva.*

7. **veneto,** Venetian dialect.

18 **per farsi vedere,** to show off.

16. **a mezza voce,** in a low voice.

17. **fare burbero,** surly manner. The use of the infinitive as a noun is very frequent in Italian.

21. **qualche**; this word although plural in meaning is always employed in the singular.

14.—1. **di discorso in discorso**, from one thing to another.

4. **presero a dir**, began, cf. Fr. *s'y prendre*.

5. **Lapponia**, Lapland.

6. **non. .che**; *non* before and *che* after a verb have the force of *only*, as in Fr. *ne...que*.

13. **impiantito**, tiled floor.

15—1. **mi parve di star tanto tempo senza rivedere Garrone**, it seemed to me that I had not seen Garrone for a long time.

4 **prepotenti**, bullies.—**che con lui non se la dicono**. *Dirsela con alcuno* is to be on friendly terms with any one.

5. **non lascia far prepotenze**, does not allow any bullying.

8. **macchinista**, engineer.

14. **in iscuola**. The *i* is prefixed to the impure *s* to avoid the combination of too many consonants.

16. **testone**, augmentative of *testa*. The frequent use of such terminations is very characteristic of Italian.

21. **il capo rapato**, his hair cut short.

16.—1 **essere vicini di banco**, sit beside him.

2. **a castellina**, used chiefly of a small pile of books placed one on top of another and strapped between two boards.

3. **cigna**, strap.

4. **piazza d'armi**, parade-grounds ; Ger. *Exerzierplatz*.

6. **se n'avvide**, noticed it ; *avvedersi*, like the Fr. *s'apercevoir* is construed with the genitive.

8. **non se n'ha per male**. *Aversi a male*, or *per male di una cosa* = *offendersene*   Cf. *non lo fare ; me ne avrei per male*,—do not do it , I should be offended at it.

11. **da spaccare**, enough to break.

16 **onomastico**, day on which falls the celebration of the saint after whom one is named.   It corresponds to our birthday.

25. **si vede così chiaro nei suoi occhi**, you can see that clearly in his eyes.   **paia**, subjunctive of *parere*, with *benchè*.

27. **si sente**, you can feel that.

17.—5. **Carbonaio,** coal-dealer. The suffix *aio* indicates trade or profession. Cf. *portinaio, calzolaio,* etc.

7. **straccione,** beggar, ragamuffin.

14. **levava,** was taking off.

27. **più avanti in faccia,** forward towards.

80 **non gli badò,** did not notice him.

18.—4. **non gli diè retta,** paid no attention to him.

5 **filo di voce,** low voice.

11. **gliela strinse,** *glie* = ethical dative ; *strinse* is from *stringere.*

18. **sopra pensiero,** thoughtful.

19 —1. **corso,** name of some of the principal streets of Italian cities, corresponding to the French *boulevard.*

3. **sento,** historical present

8. **bracciata,** armful. The termination *ata* indicates a sort of measure corresponding to the English *ful* Etymologically the French *ée* (journée, bouchée, etc.) has the same origin, and is formed after the analogy of the feminine past participle of Latin verbs in *are.*

10 **in fretta e in furia** as fast as he could.

16. **accidenti,** the changes in the noun or verb according to declension or conjugation.

25. **garsone,** hired man.

26. **Tocca a me** it falls to me.

20 —2. **sgobbo,** equivalent to the college slang "grind." Rigutini and Fanfani give the following definition of the word : *Studio materiale, in cui non giuoca l'ingegno, ma sola la fatica. Sgobbone* is a contemptuous term applied to a student who, *con poco ingegno, ma pure a forza di studio, impara una scienza.*

8. **a pezzi e a bocconi,** by fits and starts.

8. **Starei fresco,** I should be in a nice fix.

9 **lavoro di disegno,** exercise in drawing.

10. **ammattonato,** brick floor.

27. **scartafaccio,** blank book.

30 **scappa via,** is boiling over ; literally = is escaping.

21.—3. **Son sette giorni che è a letto,** she has been in bed seven days Cf. Fr. present with *depuis* for the perfect.

6. **Ci vuole qualche altra cosa**, something else is wanting.

7. **dalla mama**, in mama's room.

12. **un mio compagno**, one of my companions; cf. French *un mien cousin.*

19. **Vi occorre**, do you need?

21. **darò una scappata.** *Dare una scappata in un luogo* = to go to a place with the intention of coming right back. Translate, "I'll run over to."

22. **legna** = firewood. The singular form is masculine.

22.—5. **finimenti**, harness.

12. **spinta delle braccia avanti**,—one of the commands given in calisthenics,—"arms forward."

16. **Che ci ho che fare**, how can I help it?

· **23.**—7. **omone**, augmentative of *uomo.*

11. **Questura**, police station.

12. **facce**; note the dropping of the *i*, which is found in the singular *faccia.*

13. **senza farsi scorgere**, without showing it. *Farsi scorgere* is used also familiarly for *far trista comparsa*,—make a show of one's self.

23. **facendo il maestro**, while teaching.

24. **prese la laurea**, took his doctor's degree.

27. **Garibaldi**, Giuseppe, celebrated Italian patriot, born at Nice, 1807. His life was marked by hatred of tyranny and devotion to the cause of freedom. He was largely instrumental in establishing Italian unity.

29. **Milazzo** Strongly fortified seaport town on the north coast of Sicily, eighteen miles west of Messina.

24.—11 **a aspettare**, waiting.

14. **si caccino**, run under; subjunctive with *vedere.*

15. **far querciola**, stand on their heads.

18. **piantando lì**, abandoning. Cf. Fr. *planter là.*

19 **biglie**, marbles.

24. **se ne voleva andare**, wished to resign.

80. **Che peccato**, what a pity Cf. Provençal *pecaìre.*

25.—17. **a volo**, with great rapidity

21. **per di più**, besides

23. **lesto che salta un banco**, so quick that he can jump over a bench.

24. **sa già tirare di scherma**, knows already how to fence

25. **figliolo**, also written *figluolo*.

29. **lo guardano per traverso**, look at him askance, scowl upon.

· **26.**—4. **lavori**, exercises.

8. **senza badarci**, literally, without paying any attention to it; here = unconsciously.

10. **da meno di lui**, inferior to him.

21 **fare tutte le scuole**, go through all the schools.

27.—1. **guerra per la liberazione.** In the beginning of 1859 Victor Emanuel proclaimed from the Sardinian parliament his intention of aiding in the deliverance of the Italian people from the yoke of Austria. The victories of Magenta and Solferino were followed by the peace of Villafranca, by which Lombardy, exclusive of the fortresses of Mantua and Peschiera, was ceded to Sardinia, which had to pay the sum of $42,000,000 for the conquest.

2. **Solferino**, a village eighteen miles northwest of Mantua. Here the French and Italians defeated the Austrians, June 24, 1859

3. **San Martino**, fourteen miles southwest of Mantua.

6. **Saluzzo**, town in the province of Coni, in North Italy. It is the birth-place of Silvio Pellico.

8. **ufficiale**, same as *uffiziale*.

11. **biancheggiare**, appear; literally = whiten.

16. **farsene** = *se ne fare*, to make for himself out of it.

28.—2. **trovatello**, foundling.

11. **aia** = *Spazio di terra presso alla casa del contadino, spianato e accomodato per battervi le biade.*

16. **monello**, bad boy, little rascal, but often used as a term of affection.

19. **Saresti buono**, do you think you are able; *buono* is a synonym for *capace, valente, esperto*.

22. **sapresti**, could you.

25. **Sicuro che saprei**, of course I could.

28. **tedeschi**, Germans, i e., the Austrians.

29.—22. **portavoce**, trumpet.

30.—2. **Saran nascosti nel grano.** The future is here used to express probability. Cf. the similar use in French.

15. **Accidenti !** vulgar expression, the deuce!

16. **L'hanno proprio con me**, they are after me; the strict meaning of *averla con uno* is to dislike or hate anyone.

27. **a capo fitto**, head downward.

30 **battè della schiena per terra**, struck the ground with his back.

32.—5 **lasciassero**, subjunctive with *prima che*.

13. **via via che passavano**, as they passed by. Cf. Fr. *à mesure que.*

33.—1. **mi faccia venire a casa**, invite to our house.

8. **trovarlo**, visit him. Cf. Fr. *venez me trouver.*

10. **un bell' originale**, an odd fellow

12. **tavola pitagorica**, multiplication-table.

13. **Cassa scolastica di risparmio**, school savings-bank.

20. **Centinaia**, irregular feminine plural, from *centenaio*.

34.—9. **teatro delle marionette**, puppet show.

13. **appena finite le scuole**, as soon as his school days are over.

23. **gli sta più a cuore**, cares most for.

26. **danno dell'avaraccio**, call him a hateful miser. The suffix *accio* implies contempt.

35.—1. **cacciatora** hunting-jacket.

12. **Rigoletto.** Name of a hunchback in Victor Hugo's *Le roi s'amuse* and Verdi's opera *Rigoletto.*

13. **trattenersi dal ridere**, to keep from laughing.

15. **legnetti**, blocks.

21 **biellese**, from Biella, in the province of Novara, 38 miles northeast of Turin.

25. **pezzo d'uomo** Cf. English "a fine bit of a man."

29. **sebibbo**, a variety of grapes.

36.—8. **senz' avvedersene**, without noticing it; here = unconsciously.

29. **arrivar di corsa**, come running up; *di corsa* is the same as *correndo*.

37.—12. **vatti a presentare** = *va a presentar-ti.*

17. **Fatti** = *fa-ti ;* not to be confounded with the plural past participle of *fare.*

25. **si fece in mezzo**, came in the midst of them.

29 **pastaio**, he who sells macaroni, vermicelli, etc.; not a pastry-cook.

38.—4 **La fronte a terra**, down on your knees.

12. **ginocchia** irregular plural of *ginocchio.*

16. **strada facendo**, on the way. Cf. Fr. *chemin faisant.*

27. **scrivano**, here = amanuensis.

29. **come sta dell' occhio quel signore**, how the gentleman's eye is getting along.

39.—7. **che l'occhio non era perduto, non solo**, that not only was the eye not destroyed.

22. **confuso che non ci vedeva più**, so confused that he could no longer see clearly.

30 **vattene** = *va-te-ne.*

40.—17. **nelle strettezze**, in narrow circumstances.

21. **mettersi in grado**, prepare himself

41.—4 **libri a dispense**, books which are published in instalments ; *dispense* = Ger. *Lieferung,* and Fr *fascicule.*

5. **fasce**, wrappers.

10. **se ne vanno**, are giving out.

12. **come te, tale e quale**, very much like you.

16. **non parlarmene**, say no more about it; infinitive for imperative.

26. **fosse**, subjunctive with *aspettò.*

27. **andò a tentoni**, groped his way.

42.—25. **ebbe una scossa**, gave a start.

28. **Senonché**, however.

43.—5. **alla stracca**, with little interest.

9. **tu mi ciurli nel manico**, you are failing to do your duty. "*Girare nel manico si dice di chi vien meno alla fede o alla promessa data.*"

20. **cartoccio di dolci**, box of candies.

44 —7. **Si, fa, fa**, Oh yes! he gets along.

11. **ma molto di più**, very much more. *Ma* here must not be translated *but;* it serves only to add emphasis. Cf. Fr. *mais non!*

21. **dovrei**, to express moral obligation the conditional of *dovere* is used.

45 —1. **tirò avanti**, he kept on.

6. **intristito**, depraved.

13. **avrebbe dovuto finirla un giorno**, should have to put an end to it some day.

29. **malandato**, sickly; used of one who has lost his usual health and color through sickness.

32. **cosa** = *che cosa* = what, how.

46.—1. **sguardo di sfuggita**, side glance.

15. **nasca quel che nasca**, come what may.

30. **Il sangue gli diede un tuffo**, his heart stopped beating; literally, his blood gave a plunge.

47.—18. **scriveva, scriveva**, the repetition emphasizes the long continuance of the action

49.—7. **non fa che dire**, does nothing but say. Cf. Fr *il ne fait que dire*

13. **Avevano un bel voltarsi Garrone e Derossi**, in vain did Garrone and Derossi try. Cf. Fr. *il avait beau faire*, and English, "it's all very fine for you to say that."

50.—1. **biascicotti**, spitballs.

4. **Non sapeva più a che santo votarsi**, literally, did not know what saint to ask for aid ; was at his wit's end.

9. **Faceva pena**, was painful.

10. **frecciuola**, diminutive of *freccia*, arrow or dart.

12. **da non descriversi**, not to be described, indescribable.

17. **viso stravolto**, distorted face.

51.—1. **sta di casa**, dwells, lives.

28. **covarselo.** *Covare* = to brood over; used figuratively to remain or hover about a beloved place or thing, without doing anything else. "*Tutto il giorno non fa altro che covar la moglie.*" Translate here, "gloat over."

52.—3. **testaccia**, note the force here of the suffix *accia*. *Masaccio*, the Florentine painter (1402-1443), is only a nickname from *Tomasaccio* = "hulking Tom."

11. **La riverisco**, salutation used towards one's superiors ; same as Ger. *ich empfehle mich*.

27. **butta in aria**, scatters about.

53.—1 **mai che gli si possa far di e**, never can he be made to say.

11. **dall' altra scala**. In the large apartment-houses of European cities there are usually two stairways—one on the right, the other on the left, of the general entrance-hall, and leading to different sets of apartments on the upper floors.

14. **fece far la scala a capitomboli**, threw him down stairs, head over heels.

31. **brindelli**, rags.

32 **che ci sguassa dentro**, which are too big for him. *Sguazzare* is the same as *guazzare*, and means literally to wade, splash about. *Sguazzare nelle vesti*, however, is said of those whose clothes are too big for them.

54.—3. **s'impegna**, literally, pledges, binds himself; makes it a point to work hard.

7. **sta volta**, for *questa volta*, this time.

16. **far merenda**, take lunch.

28 **Vittorio Emanuele II.** First King of United Italy; son of Charles Albert of Sardinia, born March 14, 1820; died Jan 9, 1878.

55.—2. **sette Stati**. By the Treaty of Vienna, 1815, Italy was divided into the following states : the Kingdoms of Sardinia and the Two Sicilies ; the Papal States ; the Grand Duchy of Tuscany; the duchies of Parma, Lucca, Modena ; the Lombard-Venetian Kingdom (belonging to Austria). The King of Sardinia in 1859-60 annexed Lombardy, Parma, Modena, Tuscany, and part of the Papal States and the Two Sicilies; in February 1861, he assumed the title of King of Italy.

32. **Goito**, a town eight miles west of Mantua, on the river Mincio.

56.—1. **Santa Lucia**, name of a rural district near Verona, scene of a battle between the Piedmontese and the Austrians, May 6, 1848.—**Novara**, a city of Northern Italy, in the province of Novara, in Piedmont.—**Crimea**. It is well known that Italy took part in the Crimean war.

2. **San Martino**, see note on page 27, line 3 —**Castelfidardo**, in Central Italy, eleven miles south of Ancona.

11. **giornata**, cf. Fr. *journée.*

12. **sessantina**, about sixty; cf Fr. *une soixantaine.*

28. **che ne dimostrava dodici scarsi**, who seemed scarcely twelve.

57.—1. **olivastro**. The suffix *astro* corresponds to the French *âtre* and English *ish;* cf. *giallastro, jaunâtre, yellowish.*

18. **sbriciolava**, crumbled, ground to powder.

19. **fracassava**, smashed —**soffitti** (also feminine *soffitta*) = ceilings. The difference between the feminine and the masculine forms is that the former usually means *garret*, the latter *ceiling*.

23. **da fendere**, fit to cleave open.

58.—13. **fegato**, literally liver; in familiar language, courage. This use of liver is frequent in Shakspere; cf. " Left the liver white and pale, which is the badge of pusillanimity "; Henry IV., act IV, sc. 3.

20. **divori**; here means "run rapidly over." Cf. "*con questo cavallo si divora la strada.*"

59.—17. **a rompicollo**, at breakneck speed.

23. **torcipiede**, a sprained ankle.

60.—1. **ripigliava la corsa**, started to run again; same as *riprese a correre*, a few lines above.

3. **di striscio**, same as *strisciando.*

61.—6. **Fermi al posto!** Stand firm in your positions! Note that *ferma in posta* means *Poste-Restante*.

30 **Di lì a pochi momenti**, a few minutes later.

62.—7. **ventre a terra**, at full speed. Cf. Fr. *Ventre à terre.*

11. **diedero di volta**, turned their backs.

24. **Mincio**, a river which emerges from the southern extremity of Lago di Garda, flows south and east, passes Goito and Mantua, and joins the Po at Governolo; length 88 miles. Dante gives a long and beautiful description of this river in Inferno, canto xx. 76 and ff.

63.—10 letto a cavalletti, field or tent bed, cot.

17. il mio possibile, the best I could.

24. ho avuto un bel correre, see note on page 49, line 13.

25. gobbo, hunchback; *andare gobbo* = to go with back and head bent down.—Arrivavo venti minuti prima; to avoid a compound tense, the imperfect indicative is sometimes used· to replace the pluperfect subjunctive of the protasis, and the perfect subjunctive of the apodosis

27. Stato Maggiore, staff; cf Fr. *État Major.*

64—5. Vuol che le dia una stretta io alla fascia, shall I tighten your bandage?

65.—1 lì per lì, at once.

8 ristendendogli addosso la coperta, drawing the cover over him again

11. cheppì (Fr. *képi*), a kind of cap, first worn by the French troops in Algeria, and since worn in other countries. It fits close to the head, has a flat circular top, inclined toward the front, with flat, horizontal vizor.

66.—1. Sovrintendente scolastico, Superintendent of schools.

11. lavori di casa, exercises done at home.

14 confuso che non sapeva più dove fosse, so confused that he no longer knew where he was.

67.—22. si fecero intorno, gathered around.

26. Mi rallegro con lei. I congratulate you.

30. che farà molto cammino, will make great progress; cf. Fr. *il fera son chemin.*

68.—9. accigliato, sullen.

13. chi . . . chi, the one . . . the other.

20. Moncalieri, a town four miles by railway south of Turin. —prendere a pigione, hire.

22. Chieri, nine miles southeast of Turin.

69.—2. Anni sono, years before

24. quanto più . . . tanto più, the more . . . the more.

30. carceri di Venezia. The prisons of Venice are famous, especially *i Piombi*, situated under the roof of the Ducal Palace. Cf. *Le mie Prigioni*, by Silvio Pellico.

70 —7. **brizzolata**, speckled, grizzled; used of hair and beard beginning to turn gray.

9. **tale dei tali**, so and so?

15. **cosuccia**, pejorative of *cosa*.

31. **levarmi dal capo**, get out of my head.

71.—15. **d'aver visto di sfuggita**, had caught a glimpse of.

26. **Tata**, father; cf. Eng. daddy.

72 —5. **in modo da farsi vedere**, so as to draw attention to himself.

11. **che ci mise freddo nel cuore**, which sent a chill into our hearts.

17. **domandava di suo padre**, asked about his father.

25. **aveva appena fatto in tempo**, had scarcely had time.

73.—11. **Venuto di fuori**, come from abroad.

74 —21. **rosso carico**, dark red.

23. **non aveva più di suo che**, had nothing left of his ordinary appearance except.

75.—7. **far la visita**, make his rounds.

15. **miseria**; this word has two meanings, one like the English "misery," the other extreme poverty. Cf. Fr. *misère*.

77.—13 **gli parlava a lungo**, talked to him at length.

78.—16. **labbra**, irregular plural of *labbro*.

27. **Arrivederci** = *a riveder-ci* = Fr. *au revoir*.

79.—16 **Io me la son cavata con poco**, I got over it with little difficulty.

18. **'n nennillo**, the little one.

80.—10 **un altro po'**, a little while longer.—**non va mica bene**, it isn't at all right

14. **piccerello**, little one

25. **Non ha più da restar che per poco**, he will not need to wait much longer

81.—15. **non lo perdette più d'occhio**, did not lose sight of him again.

83 —6. **preso a benvolere**, same as *preso ad amare*.

16 **gli fa far bella figura**, makes him make a good showing. Cf. Fr. *faire bonne figure*.

84.—14. **grazie lo stesso**, thanks, all the same.

85.—20. palcoscenico, same as *palco* = stage.

86.—10 romagnoli, natives of Romagna, a former province of Central Italy on the Adriatic, between Venetia and the March of Ancona, now forming the provinces of Bologna, Ferrara, Ravenna, and Forlì, not to be confused with Rome.

31. tutt'altro, quite the contrary.

87.—2. s' imbatterono in, met.

12 che metteva allegrezza, which made one glad.

14. rosso, bianco e verde; Italian national colors.

21. trofeo, architectural ornament of swords, flags, etc.

26. corsie, aisles.

88.—1. c'era pieno, there was a crowd.

4. coi miei; supply *parenti*.

19. un terzo premio di seconda, a third prize in the second class.

28. Allo scoccar delle due, as two o'clock struck.

29. sindaco, chief of the communal administration, appointed by the king for a term of three years, from the members of the communal council.

30. prefetto, head of the administration of a province of the kingdom, as the *prefetto di Roma, di Firenze*, etc.—assessore, in certain public offices, one who assists, or if necessary takes the place of, a superior officer.—provveditore, literally = purveyor, provider. Used as a title of office or dignity; *Regio provveditore agli studi; Provveditore di una Università; Provveditore generale delle dogane.*

90.—12. leggiera leggiera, very soft.

28. alto tre palmi, very small. Cf. this use of *palmi*, with *a palmo a palmo = a poco a poco*.

91.—1. grida, irregular plural of *grido*.

8. allora sì che mi divertii, you may believe that then I enjoyed myself.

32 traversina, crosspiece.

92.—2 lo sollevò di peso, lifted him from the ground.

4. evviva, exclamation, "long live"; a combination of *E* and *viva;* the latter word is more commonly used alone.

7. mercatini, marketmen.

93.—8. **merciaiolo**, haberdasher. **Forlì**. city of a province of Central Italy of the same name.

9. **sull'imbrunire**, at nightfall.

13. **Romagna**, see note on page 86, line 10.

20. **stradone**, high-road ; augmentative of *strada*.

94.—3. **oppressione di respiro**, a difficulty in breathing.

9. **sassaiola**, fight with stones.—**venuti alle mani**, come to blows. Cf. Fr. *venir aux mains*.

17. **scapestrerie**, debaucheries.

95.—8. **malanno**, synonym of *uomo tristo, birbante* = rascal.

11. **crepacuore**, broken heart. Cf. Fr. *crève-cœur*.

16. **galera**, galleys ; the galleys exist no longer, but the expressions *andare, mandare*, etc.; *in galera*, mean to go, to send to prison, etc.

96.—16. **Santuario**, general term for church.

99.—10. **sull'atto**, on the spot, immediately.

100.—25. **Levati d'in ginocchio**, get off your knees, rise.

102.—7. **Asilo infantile** = *scuola di carità per i fanciullini, per l'infanzia*.

17. **lavagna**, slate, blackboard.

103.—9. **galantuomo**, honest man.

104.—1. **razzo**, sky-rocket. *Sparire, fuggir via, lesto come un razzo*, etc , are used familiarly to denote great rapidity ; translate here, " quick as lightning."

5. **alle due**, supply *medaglie*.

13. **Mondovì**, in Piedmont, fourteen miles southeast of Coni.

29. **ci vorrebbe altro**, something else is necessary.

31. **E poi sì che**, etc., do you think he stopped to look at us, one by one ?

105.—4. **Era un sereno che smagliava**, the air was clear and sparkling. *Sereno* = the state of the air entirely free from clouds and mist. Cf. *Che bel sereno !*

11. **quando s' era per venire ai ferri**, when the battle was about to begin. For similar expression, cf. *venire alle mani*.

15. **di lì a poco**, a short time after.

17. **ulani**, Ger. Uhlan ; a mounted soldier, armed with a lance,

and wearing a kind of semi-Oriental dress, with loose hanging sleeves and very baggy trousers.

26. facea ala, lined up on both sides. Cf. Fr. *faire la haie.*

106.—3. brigadiere di Polizia, police-sergeant.

8. Ma se lo dico io! I should say so!

17. sagrestia! Cf. Fr. *sapristi, sacristi* = by Jove!

27. Ci vennero . . . ci vennero, repetition used by common people. Cf. Eng. "he hit me, he did."

30 mulinati, same as *molinati*, whirled around.

32. bersaglieri, sharpshooters.

107 —16. non stava più nella pelle, was beside himself with impatience Literally, did not remain any longer in his skin.

18 Sta bene i colerosi e i terremoti. It is difficult to translate this sentence literally. The general meaning is : " I have nothing to say about his conduct during the cholera and earthquakes." *Sta bene* is used here like the Fr. *va*, in such expressions as *va pour son frère, mais lui je ne l'aime pas,* "his brother is all right, but I don't like him."—e che so altro, or anything else. Cf. Fr. *que sais-je!*

22. quarto ; supply *battaglione.*

27. a quattr'occhi, face to face.

109.—14. uscì, broke out.

110 —2. ometto, diminutive of *uomo.*

5. non ce ne perdonava una, never overlooked a fault; literally, " he did not forgive us anything."

15. Susa ; thirty-seven miles west of Turin, on the right bank of the Dora Ripaira, at the junction of the Mont Cenis and Genèvre routes across the Alps.

26 con la gola stretta, with my heart in my throat.

111.—6 botteguccia, from *bottega.* The termination *uccia* denotes diminution with contempt.

13 pigliammo per una viottola in salita, we entered a steep path.

113.—9. pavimento a mattoni, brick floor ; same as *ammatonato.* See note on page 20, line 10.

27. mai, here only an intensive particle. Translate, " what in the world are you saying?"

114.—5. **Tirai bene ancora avanti,** it is true I continued to go on.

115.—25. **si sa,** that goes without saying.

116.—2. **fatte,** agrees with the plural of *monelleria,* a few lines above.

117.—17. **paese,** here = village.

118.—18. **orari,** time-tables ; also used for programme of studies and recitations in school, as *Orario del Liceo.*

25. **si lasciò andar del vino sul petto,** spilt some wine on his breast.

119.—5 **Alle due passate,** after two o'clock.

16. **ci avevo fatto il cuore,** I had set my heart upon it, had learned to love it.

35. **Ha da suonar presto la mia ora,** my hour must soon come.

120.—7. **stringendosela** ; the *la* refers to *mano*: the *se* is the reflexive pronoun, dative case with *cuore* = his heart.

15. **sportello,** door of the car.

121.—1. **Palazzo di città,** town-hall ; Fr. *Hôtel de Ville.*

10. **la Giunta,** council.

14. **guardie daziarie,** custom-house officers —**pompieri,** firemen ; Fr. *Pompiers.*

23. **Borgo Po,** that part of the city near the Po. *Borgo* = suburb, quarter ; Fr. *faubourg.*

123.—5. **attenti,** order to be attentive.

7. **ciarpa,** official badge ; literally, a scarf.

26. **a galla,** to the surface

124.—11. **che a nulla è tenuto,** who is obliged to do nothing. *Esser tenuto* = *Essere obbligato.*

125.—18. **alla rinfusa,** in confusion, all together.

126.—1. **pensieri,** pansies.

127.—12 **gole,** flues.

128.—2. **davanzali,** window-sills.

25. **coppi,** tiles.

29. **abbaino,** skylight, dormer-window.

129.—10 **tracolla,** belt.

12 **scala Porta,** fire-ladder, so called from Porta. the name of its inventor.

32. pioli, rungs.

130.—16. che va diritto cieco fulmineo, which goes straight ahead, blindly, like a flash.

26. galloni, lace, ribbons ; here = the badge of a corporal's rank.

131.—12. gente di servizio, servants.

26. qualche riga di suo, some lines of his own.

132.—4. contento dei fatti suoi, satisfied with the way things were going.

11. star poco bene di salute, she was not very well.

22. oltre che per, besides.

24. far la serva, doing menial work.

133.—6. uscì a dire, broke out.

10. che ci voleva un mese, which required a month.

31. s'impegnò di fargli aver gratis, promised to get him for nothing.

134.—18. prua, same as *prora*, prow.

135.—1. buttarlo giù, cast him down, depress him.

14. dormitorio, cabin, bunk.

30. in sussulto, with a start. Fr. *en sursaut*.

136.—5. Rosario, town of the Argentine Republic, province of Santa Fé, 230 miles by water northwest of Buenos Ayres, on the west bank of the Paranà.

8. bagai, = boy.

27. Plata ; Rio de la Plata, formed by the junction of the Paranà and Uruguay rivers ; its total length has been estimated at 2500 miles.

137.—15. Andrea Doria, Genoese admiral and statesman (1468–1560). Name often given to vessels. Cf. Shakspere, "My wealthy Andrew docked in sand" (Merchant of Venice, Act I, sc. 1)

25. va su sempre diritto, keep straight ahead.

27. inflò, entered.

138.—6. a perdita d'occhio, as far as eye could reach. Cf. Fr. *à perte de vue*.

18. gli diede una scossa al sangue, gave him a start, startled him.

29. S'affacciò, he approached.

139.—9. da un pezzo, some time ago.

22. faceva commissioni, did errands.

23. Può darsi, perhaps, it may be. Note the use of the subjunctive with this expression.

140.—15. Ci stava, they used to live here.

20. Cordova, 378 miles northwest of Buenos Ayres.

30. tipo, used familiarly for a person who has something strange in his character or manners. Cf. Fr. *type*.

141.—8. pobre niño, Spanish = poor boy.

16. gli diè da sedere, gave him a seat.

23. italianito; diminutive of *italiano*.

142.—14. stanzuccia, diminutive with contempt of *stanza*.

27. Paranà, large river of South America, rising in Brazil and uniting with the Uruguay to form the estuary of La Plata; total length 2000 miles.

30. a ritroso, against the current.

144.—1. figœu, dialectic for *figlio*.

11. Pur che, if only.

15. imbandierate, hung with flags.

26. trepestio, same as *romore confuso*.

145.—13. Non so che farci, I don't know what to do about it

18. gramigna, grass ; here = rubbish.

146.—11. Che cos' hai ? What is the matter?

23. campare di pan nero, live on black bread

26. non ne posso più, I can't stand it any longer. Cf. Fr. *je n'en peux plus.*

31. Che non ci sia mezzo ? Why should there be no means?

147.—10. La estrella de Italia, Spanish = The Star of Italy.

27. gli fanno una figuraccia, literally make an ugly face to him ; shut the door in his face. *Fare una figuraccia = Mancare al debito di cortesia, di lealtà, alla promessa.*—la croce d' un contesimo,the shadow of a cent.

148.—5. quattrini, pennies.

16. come si fa presto, how quickly things are done.

25. regga a lungo, can hold out long.

150.—4. di sobbalzo, with a start.

20. che imbruniva, as it was getting dark.

151—16. Anche tu, l' hai con, you too are after; see note on page 30, line 16.

21. Tucuman, a town of the province of the same name in the Argentine Republic.

30. a metter poco, at least.

152.—4. ora che ci penso = Fr. *j'y pense.*

7. carretas, Spanish = wagons.

32. Santiago dell' Estero, capital of the province of the same name.

153.—15. sta bene, all right.

19. Buenas noches, Spanish = good night.

27. peones, Spanish = day laborers.

154.—10. merlate, battlemented.

12. fin dove arrivava la vista, as far as the eye could reach.

27. Sale = wooden axles.

155.—18 a misurargli, to deal him.

22. battendo la febbre, shaking with fever.

27. Vienmi incontro che muoio, Come to meet me, for I am dying.

156.—7. tagliando corto, cutting (his farewell) short.

25. Terra del Fuoco, large group of islands at the southern extremity of South America, separated from the mainland by the straits of Magellan.

157.—22. acomodargli le coperte, tuck the covers.

31. praterie, prairies.

158.—21. casetta signorile, gentleman's house.

159.—12. non mette conto, it is of no use.

14. Non ci tengo più alla vita, I don't care for life any more. Cf. Fr. *je n'y tiens plus.*

21. non faceva che aggravare, only increased.

161.—21. Saladillo ("little salt river"), name of several small streams in the Argentine Republic.

30. jenovesa, Genoese woman.

162.—29. si cacciava le mani nei capelli, ran her hands through her hair.

164.—10. che se li disputasse a palmo a palmo, who fought for them step by step, or bit by bit. *A palmo a palmo=a poco a poco.*

166.—2. badava a ridirle, kept repeating to her.

14. robe, property, things.

167.—24. balzando a sedere, starting up into a sitting posture.

169.—19. sono andate giù, have disappeared (perished).

25. mostra, facings —un cencino di color vivo appicciato pur che sia dalla mamma, a bit of bright color of some sort or other fastened by the mother. *Pur che sia = qualunque esso sia.*

170.—5. paralume, lamp-shade.

11. sguazza dentro a un camiciotto turchino, has on a blue shirt too big for him da fabbro ferraio, such as blacksmiths wear.

18. bocciuoli di canna, pieces of cane; *bocciuolo =* each one of the parts of a cane which is between two joints.

19. maggiolini, May-bugs.

171.—4. ciondolano, nod, droop.

173.—8. scampagnata, trip to the country, picnic.

20. chilogrammi; kilogram is the ultimate standard of mass in the French system of weights and measures. It is equal to one thousand grams, or about two and two tenths pounds.

21. Gran Madre di Dio, a church on the river Po opposite Turin; built by Carlo Felice, in imitation of the Pantheon at Rome.

23. Andavamo rivoltoni, tumbled about.

174.—2. coltelluccio a cricco, jack-knife.

12. pigliava la rincorsa, took a run. Fr. = *prendre son élan.*

18. a salti, a rotoloni, leaping and rolling

20. col suo brindello, with the torn piece.—ciondoloni, fluttering.

175.—29. così si parla, that is the way to talk.

178.—7. Allegri! = *modo di eccitare all'allegrezza o all'alacrità.*

8. si comincia un balletto, we are going to have a dance. The reference is to the coming storm.

179.—11. Natale, Christmas; Fr. = *Noël.*

17. faceva la calza, was knitting stockings.

25. che fa sangue! How he bleeds!

181.—18. sopra coperta, on deck.

185.—4. punti, marks.

187.—1. la virgola dei decimali, the decimal point.

6. non si raccapezzava, could not make it out.

13. Al verbale, I'll see you at the oral examinations.

188.—12. non avrei più fatto la quarta con lui, should not gc through the fourth class with him.

190.—1. libretti, certificates.

192 —1. Al nuovo anno, good-by till next year.

'0. calcafogli, paper-weight; same as *calcalettere*.

BIBLIOLIFE

Old Books Deserve a New Life
www.bibliolife.com

Did you know that you can get most of our titles in our trademark **EasyScript**™ print format? **EasyScript**™ provides readers with a larger than average typeface, for a reading experience that's easier on the eyes.

Did you know that we have an ever-growing collection of books in many languages?

Order online:
www.bibliolife.com/store

Or to exclusively browse our **EasyScript**™ collection:
www.bibliogrande.com

At BiblioLife, we aim to make knowledge more accessible by making thousands of titles available to you – quickly and affordably.

Contact us:
BiblioLife
PO Box 21206
Charleston, SC 29413

Printed in the United States
150628LV00004B/106/A